《고향》을 통해 본 서발턴의 형성과 저항

김희숙 저

부산대학교출판문화원

책머리에

본 연구서는 텍스트 이기영의 《고향》을 탈식민적 관점에서 해석하고자 하는 시도이다. 1988년 해금된 이래 30년 가까이 《고향》 읽기는 계속되었고, 이에 대한 연구 또한 지속적으로 이어져 오고 있다. 《고향》에 대한 연구는 사회주의 리얼리즘 혹은 카프 문학의 이념을 잘 드러낸 작품이라는 관점에서 연구된 것이 가장 많다. 이기영의 전기적 삶을 토대로 작품을 분석할 때 가장 합당한 작품 해석 방법이라 생각할 수 있다.

그러나 《고향》은 사회주의 리얼리즘을 넘어서 탈식민주의라는 새로운 문화이론으로 재해석해 보는 것도 의의 있는 일이라고 생각한다. 사회주의 리얼리즘이 문학사에서 가장 문제적이었던 시기가 《고향》 발표를 전후한 1920~30년대와 해방직후, 1970~80년대였다면 오늘날은 동서독의 통합, 구소련의 몰락, 중국의 자본주의 도입 등 사회주의 국가의 몰락과 함께 사회주의 이데올로그의 가치가 전 시대에 비해 희석화 되었다고 할 수 있다. 자본주의 사회의 대안적 이데올로그로서 제기되던 사회주의 이데올로그는 그 대안적 기능을 상실했다.

사회주의 이데올로그에서 중요시하던 프롤레타리아 계급의 옹호를 담당할 새로운 이데올로그는 탈식민주의라 할 수 있다. 프롤레타리아 계급은 탈식민주의 문화이론에서는 '서발턴'에 포함시킬 수 있다. 서발턴은 프롤레타리아와 '아래로부터의 역사'라는 공통점이 있지만 '차이' 또한 분명하다.

본 연구자는 텍스트《고향》을 탈식민의 중심 세력인 '서발턴'에 초점을 맞추어 해석하고자 하였다. 일본 제국주의와 근대자본은 한국의 농촌 사회에서 계층 분화를 가속화하였고, 이 과정에서 소작농·도시노동자·여성 등의 서발턴이 형성되었다. 서발턴은 수동적 태도로 현실을 살아가나 기아와 착취로 생존이 위협 당하게 되면 주체화 된다. 이들은 거대한 물결로 하나의 힘을 형성하고 지배 권력에 저항하게 되는 것이다.

본 연구는 연구자가 수년 전부터 계속해오던 '한국근대소설에 나타난 서발턴 연구'의 일환이다. 기왕의 연구에서는 일제강점기 때 있었던 서발턴의 탈식민 운동을 고찰하지 못하였다. 이에 아쉬움을 느끼던 차에 한국연구재단의 지원을 받아《고향》에 대한 연구를 수행하게 되었다. 연구자의《고향》에 대한 탈식민적 해석이 《고향》을 현대적 이론으로 재음미하는데 도움이 되길 바란다.

우리가 감사함으로 그 앞에 나아가며 시를 지어 그를 즐거이 노래하자. (시편 95 ; 2)

차례

Ⅰ. 연구의 의의

1. 연구의 필요성 및 목적

《고향》에 나타난 서발턴의 형성과 저항을 살펴보고자 한다. 이는《고향》을 기존 연구와는 달리 탈식민적 관점에서 재해석하고자 하는 시도이다.《고향》에 대한 연구는 '사회주의 리얼리즘'의 전형이란 관점으로 대체로 해석한다. 이는 작가 이기영의 전기적 삶과 문학세계를 토대로 텍스트를 분석할 때《고향》은 별 다른 이견(異見) 없이 '사회주의 리얼리즘'이란 이데올로그를 담고 있는 텍스트로 해석되어 지는 것이다.

이기영의 삶과 문학 세계는 세 가지 관점으로 해석할 수 있다. 첫째는 이기영이 일제 식민지 시대 계급문학 운동을 소설 텍스트에 실천했던 중심인물이었다는 점이다. 그는 계급문학을 민족문학 운동의 일환으로 생각하고 일제 식민지 시대 우리 민족의 삶에 나타난 문제성을 궁핍해져 가는 농촌의 현실에서 찾고자 하였다. 그리하여 농민문학이 계급문학으로서 가능하도록 하였다. 둘째는 해방 이후, 이기영의 이데올로그의 선택과 관련된다. 이기영은 해방 직후 잠시 동안 조선 프롤레타리아 문학동맹을 주도했으나, 조선 문화 건설 본부와 조선 프롤레타리아 문학동맹이 남로당의 지령에 의해 문화 전선의 통일을 목표로 합작을 감행하게 되자 계급문학 운동의 이념적 정통성과 진보성을 내세우고 월북하게 된다. 셋째는 이기영이 분단 이후 북한 문학을 주도해 온 인물이라는 점이다. 월북 문인 대부분이 문단 숙청의 과정에서 제거되었지만, 이기영은 북한 문단 최고의 영예를 누렸고 많은 작품을 남긴 것으로 알려지고 있다.[1]

이 같은 이유를 토대로 이기영의 《고향》 또한 "계급문학 운동의 전개 과정에서 거둔 단편적인 성과들을 한데 모아 총체적으로 형상화해 낸 문제작"[2], 혹은 "식민지 현실의 상황을 포착함에 있어, 또한 인물들의 형상화에 있어, 이전의 프로소설이 한계로 가지고 있었던 도식성과 관념성에서 탈피하여, 민중들

---

[1] 권영민, 「계급 리얼리티의 선봉장 – 작가 이기영론 –」, 《고향》, 문학과 지성사, 2013년.
[2] 권영민, 위의 글, 25쪽.

의 삶과 행동을 바탕으로 그 전형적 성격을 훌륭하게 획득"[3] 한 텍스트로 평가받고 있다.

위에서 언급한 두 논자 외에도《고향》에 대한 기존의 연구들은 대체로 사회주의 이데올로그의 다른 이름인 경향문학이란 틀 안에서 행해져 왔다. 문학사적인 측면과 작품론의 측면에서 연구한 것을 나누어볼 수 있다. 문학사적인 측면에서 연구한 논자들은 대체로 이기영의 작품 전반을 대상으로 연구하였으며, 결론적으로 이기영은 프로문학이 가진 창작방법론의 한계를 타개하는데 노력을 기울였다고 평가한다. 이상태의 『이기영의 창작 연구』[4], 이주형의 「1930년대 한국 장편소설 연구: 현실인식과 작품전개방식의 변모양상을 중심으로」[5], 정호웅의 「이기영론 - 리얼리즘 정신과 농민문학의 새로운 문제」[6], 김흥식의 「이기영 소설 연구」[7], 이상경의 『이기영 - 시대와

[3] 김윤식, 「식민지 현실의 총체적 탐구와 리얼리즘의 새로운 형식」,《고향》, 앞의 책, 19쪽.

[4] 이상태, 『이기영의 창작 연구』, 조선작가동맹출판사, 1959년.

[5] 이주형, 「1930년대 한국 장편소설 연구 : 현실인식과 작품전개방식의 변모양상을 중심으로」, 서울대 박사학위 논문, 1983년.

[6] 정호웅, 「이기영론 - 리얼리즘 정신과 농민문학의 새로운 문제」, 『한국 근대리얼리즘 작가 연구』, 문학과 지성사, 1988년,

[7] 김흥식, 「이기영 소설 연구」, 서울대 박사학위 논문, 1991년.

문학』[8], 김병구의 「1930년대 리얼리즘 장편소설의 식민성 연구」[9] 등이 이 유형에 속한다. 작품론적 측면에서는 등장인물과 식민지 현실을 중심으로 연구한다. 《고향》에 등장하는 인물들이 이전의 카프문학에서 보였던 도식성을 극복하고 개성적 인물로 나타난다는 평가나, 이 작품은 식민지 현실을 다양한 측면에서 총체적으로 형상화해 놓고 있다 등으로 평가한 것은 이에 해당한다. 연구 논문은 김윤식의 「농촌현실의 형상화와 소설적 의의 - 이기영론」[10], 김동환의 「《고향》론」[11], 김외곤의 「노농동맹의 성과와 한계」[12], 우찬제의 「이기영의 《고향》의 욕망 현시 양상 연구」[13], 이재선의 「이기영의 《고향》과 반항의 시학」[14] 등이 있다.[15]

---

[8] 이상경, 『이기영 - 시대와 문학』, 풀빛, 1994년.

[9] 김병구, 「1930년대 리얼리즘 장편소설의 식민성 연구」, 서강대 박사학위 논문, 2000년.

[10] 김윤식, 「농촌현실의 형상화와 소설적 의의 - 이기영론」, 구인환 외, 『한국 현대장편소설 연구』, 삼지원, 1989년.

[11] 김동환의 「《고향》론」, 『민족문학사연구』, 창간호, 1991년.

[12] 김외곤, 「노농동맹의 성과와 한계」, 『한국근대 리얼리즘 문학 비판』, 태학사, 1995년.

[13] 우찬제, 「이기영의 《고향》의 욕망 현시 양상 연구」, 『한국문학이론과 비평』 12, 1999년.

[14] 이재선, 「이기영의 《고향》과 반항의 시학」, 『현대소설의 서사 시학』, 태학사, 2002년.

이기영의 《고향》에 대한 최근 연구 중에는 젠더, 지식인, 공동체와 개인의 문제 등을 다룬 논문들이 있는데, 이를 통해 연구 분야가 점차 다양화되고 있음을 확인할 수 있다. 젠더의 문제를 다룬 논문으로는 구재진의 「1930년대 '집 나간 여성'의 계급 횡단과 여성 해방의 (불)가능성 - 《인형의 집을 나와서》와 《고향》을 중심으로」[16], 배상미의 「1930년대 전반기 프롤레타리아 문학의 젠더와 한국문학사 - 이기영의 《고향》과 강경애의 《인간문제》를 중심으로」[17]가 있고, 《고향》에 등장하는 지식인의 문제를 다룬 논문으로는 김명숙의 「이기영의 《고향》에서 본 조선 현대 지식인의 양면성」[18]과 이형진의 「이기영의 고향 재독(再讀) - 실천적 지식인의 소설적 형상화를 둘러싼 작가의식과 비평 담론의 차이」[19], 공동체와 개인의 문제를 다룬

[15] 김진석, 「이기영의 《고향》 연구 - 사회주의 리얼리즘과 낭만주의의 수용 문제를 중심으로」, 『과학과 문화』 5, 2008년 2월.

[16] 구재진, 「1930년대 '집 나간 여성'의 계급 횡단과 여성 해방의 (불)가능성 《인형의 집을 나와서》와 《고향》을 중심으로」, 『한국현대문학연구』 59, 2019년.

[17] 배상미, 「1930년대 전반기 프롤레타리아 문학의 젠더와 한국문학사 - 이기영의 《고향》과 강경애의 《인간문제》를 중심으로」, 『현대소설연구』 68, 2017년.

[18] 김명숙, 「이기영의 《고향》에서 본 조선 현대 지식인의 양면성」, 『인문사회과학연구』 9, 2002년.

논문으로는 엄숙희의 「이기영의 《고향》에 나타난 근대 공동체와 개인」[20] 등이 있다.

최근 연구는 소설 《고향》을 사회주의 리얼리즘이라는 한정된 시각으로 해석하기 보다는 다양한 측면에서 재해석하고자 하는 시도이다. 본 연구자 또한 《고향》을 탈식민주의라는 새로운 이데올로그로 해석하고자 하는데, 이는 소설 《고향》의 현대적 의의를 재고하는 일이 될 것이다.

사회주의 리얼리즘이 문학사에서 가장 문제적이었던 시기가 《고향》 발표를 전후한 1920~ 1930년대와 해방직후, 1970~80년대였다면, 오늘날은 동서독의 통합·구소련의 몰락·중국의 자본주의 도입 등 사회주의 국가의 몰락과 함께 자본주의 사회의 대안적 이데올로그로서의 가치가 희석화 된 시기이다. 사회주의 이데올로그에서 중요시 여긴 프롤레타리아 계급의 옹호를 담당할 새로운 이데올로그는 탈식민주의라 할 수 있다.

[19] 이형진의 「이기영의 고향 재독(再讀) - 실천적 지식인의 소설적 형상화를 둘러싼 작가의식과 비평 담론의 차이」, 『동남어문논집』 49, 2020년.
[20] 엄숙희, 「이기영의 《고향》에 나타난 근대 공동체와 개인」, 『한국민족문화』 71, 2019년.

프롤레타리아 계급은 탈식민주의에 의하면 '서발턴'에 포함될 수 있기 때문이다.

서발턴은 프롤레타리아와 '아래로부터의 역사'라는 공통점이 있지만 차이 또한 분명하다. 서발턴이란 용어를 처음 사용하였던 그람시도 서발턴이란 개념은 마르크스주의에서 혁명의 주체를 논할 때 흔히 배제되었던 부차적인 집단, 어떻게 보면 이중적으로 소외된 집단을 포괄한다는 점에 특색이 있다. 즉 서발턴은 당대 이탈리아 북부의 도시에 있었던 프롤레타리아트와는 그 억압의 상황이나 조직이 달랐던 농민, 특히 정치적으로 소외된 남부의 농민을 함께 염두에 둔 개념이었다. 그러므로 서발턴은 집중적이고 통일된 주체가 되기 어려운 수없이 널려 있는 종속집단들이며, 지배계급의 문화와 언어에 끊임없이 규정당하면서도 그 틈을 비집고 나오는 민중의 독자적인 세계관, 다시 말해 종속과 자율의 복합성을 지닌 집단이다. 그리고 이 같은 자율과 종속의 이중성은 프롤레타리아 계급에게 주어진 특별한 역사적 사명을 상징하는 이상주의적, 목적론적 마르크스주의 흐름과는 궤를 달리한다.[21]

---

[21] 강옥초, 「그람시와 서발턴 개념」, 『역사교육』, 1982년.

인도의 서발턴 연구 집단은 서발턴 연구가 프롤레타리아를 혁명의 주체로 상정하는 '아래로부터의 역사'와는 다르다고 말한다. 우선, 서발턴 연구는 서구의 휴머니즘적 주체 관념과 주체의 정치적 의식 형성에 관한 진화주의적·단계론적 관념을 거부하면서 그것과는 다른 관점에서 주체(의식)의 문제에 접근한다. 둘째, '아래로부터의 역사' 연구가들은 노동자들이 남긴 기록에 의존하여 그들의 목소리를 듣고자 했다면, 서발턴 연구 집단은 서발턴의 대부분이 문맹이기 때문에 그 같은 기록을 남길 수 없었던 인도의 조건 하에서 지배집단이 남긴 기록에 대한 결을 거스르는 읽기를 통해 서발턴에게 접근하였다. 셋째, 서발턴 연구는 자본의 논리에 포함되지 않은 하위계층에 주목하면서 권력의 역사를 보편적인 자본의 역사에서 분리시켜 사유하고 있다.[22]

그람시와 서발턴 연구집단이 프롤레타리아와 서발턴을 구분하려고 한 반면 스피박은 초국적 자본에 의한 신식민 상황에서 진행되는 지배 집단의 권력에 의하여 소외된 사람들을 서발턴이라 할 뿐 아니라, 자본과 물질에 의해 이중으로 소외되는

[22] 김택현, 『서발턴과 역사학 비판』, 박종철출판사, 2003년.

사람들까지 서발턴이라 함으로써 프롤레타리아를 서발턴의 범주에 포함시킨다. 스피박에게 서발턴이란 생산 위주의 자본주의 체계에서 중심을 차지하던 프롤레타리아 계급을 포함하면서도 성·인종·문화적으로 주변부에 속하는 사람들로 확장된다. 국제적 노동 분업과 전지구적 자본주의화는 부르주아/프롤레타리아라는 이분법적 도식만으로는 설명할 수 없는 다양한 현상들을 배태하게 되었다. 제1세계와 제3세계의 프롤레타리아 계급은 노동의 종류와 강도에 있어서 더 이상 동질적이지 않다. 주변부 노동자들은 그들이 창출한 잉여가치나 자신이 생산한 상품으로부터 더욱 멀어지며 중심의 국가 이데올로그로부터도 소외된다. 다국적 기업은 더욱 용이하게 호전적인 노동자의 반란을 제압하며 매판국가에서의 계급유동성은 점점 희박해진다. 그러므로 노동자의 투쟁만으로는 지구적 자본주의를 다룰 수 없다.[23]

서발턴이란 용어는 그람시나 서발턴 연구집단에 의해 사용되었을 때는 헤게모니 없는, 권력을 지니지 못한 집단에 사용되었으며 프롤레타리아와 구분되는 개념이었다. 그러나 식민

[23] 양종근, 「스피박의 현대 이론에 대한 해체적 개입 - 초기 저서를 중심으로」, 『영미어문학』 82, 2007년 3월.

주의보다는 신식민 혹은 제국주의에 관심을 가진 스피박에 와서는 헤게모니와 권력을 지니지 못한, 정치적으로 소외된 집단이라는 의미 외에 자본으로부터 소외된 집단이라는 의미까지 더해졌다. 그리하여 서발턴이라는 개념에는 프롤레타리아라는 계급까지 포함되었다. 그러므로 《고향》을 탈식민주의로 재해석하는 연구는 오늘날의 관점으로 소설을 다시금 읽는 작업이 되리라 여겨진다.

2. 연구의 내용 및 방법

우선 서발턴의 형성 과정을 살펴볼 것이다. 소설 《고향》에는 네 가지 유형의 서발턴[24]이 나타나는데 지식인이 서발턴이

[24] 김희숙, 「《고향》을 통해 본 서발턴의 형성과 저항」(2017년 선정 시간강사연구지원사업 결과보고서)에는 서발턴의 형성 과정과 관련하여 서발턴을 세 유형으로 나누어 고찰하였다. 지식인이 서발턴이 된 경우와 헤게모니 없는 서발턴이 주체화되어 가는 경우, 마지막으로 여성 서발턴이 계급의식이 있는 경우로 나누고 첫 번째 유형에는 희준과 갑숙을, 두 번째 유형에는 인동과 김선달을, 세 번째 유형에는 방개와 인순을 들었다. 그러나 이번 저서에는 결과보고서와는 달리 헤게모니 없는 서발턴을 둘로 분류하여 기층 서발턴이 계급의식과 주도성을 갖는 경우와 계급의식과 주도성이 없는 경우를 구별하였다. 그리고 전자를 프롤레타

된 경우와 기층 서발턴이 계급의식을 갖게 된 경우, 1920~30년대 대부분의 농촌과 도시에 존재하는 헤게모니 없는 서발턴, 마지막으로 여성이 계급의식을 갖게 되는 경우이다. 첫 번째 유형에 속하는 인물은 희준과 갑숙을 들 수 있다. 희준은 동경 유학생 출신이고, 갑숙은 마름의 딸로 서울 유학을 한 인물이다. 전자는 마을 청년회를 조직하고 두레를 통해 농민들과 하나가 되고 농민들의 단합된 힘을 통해 소작쟁의를 주도했다면, 후자는 노동자 계층으로 계층 이동을 하여 공장 노동자 생활을 한다. 근대 자본주의 논리를 깨닫고 자기 인식을 통해 노동쟁의를 주도한다. 두 번째 유형에 속하는 인물은 인동과 김선달을 들 수 있다. 인동은 "희준을 매개로 새로운 세계에 대한 지향성을 갖게 되며 자기 삶의 주체로서 성장해가는 인물이다."[25] 그리고 김선달은 작품 초반부터 사회의식이 있는 인물로 나오며 희준이 두레와 소작쟁의를 주도할 때 희준을 돕는 인물로 등장한다. 세 번째 유형에 속하는 인물은 원터마을 사람들과

리아 서발턴으로, 후자를 헤게모니 없는 서발턴으로 분류하였다. 그리고 프롤레타리아 서발턴에는 인동과 김선달을, 헤게모니 없는 서발턴에는 대부분의 원터마을 사람들과 경순을 포함시켰다.

[25] 김병구, 「《고향》론」, 『한국문학이론과 비평』 9, 2000년, 166쪽.

경순이다. 원터마을 사람들은 특정 인물이라기보다 인물군이라 할 수 있는데 이들의 움직임은 헤게모니 없는 서발턴의 특징을 잘 드러낸다. 가난과 착취에 시달리고 자신의 생존 문제에만 골몰하는 인물들이지만 소작쟁의가 시작되었을 때 동참함으로써 하나의 '힘'을 형성한다. 경순은 제사공장 노동자로서 부당해고 당하는 인물로 헤게모니 없는 서발턴의 전형이라 할 수 있다. 마지막으로 여성 서발턴은 인순과 방개를 들 수 있다. 인순은 소작인의 딸로 공장 노동자가 되어 일본 자본주의 메커니즘을 체득하며 근대적 규율에 강제적으로 동일화된다. 방개는 결혼한 이후 공장 노동자가 되어 계급의식의 자각을 보이며, 소작쟁의가 있을 때 갑숙과 함께 투쟁 자금을 보낸다.

앞서 언급한 서발턴의 네 유형은 각기 상이한 토대를 가지고 형성되었으나 일본에 의해 주도된 자본주의적 토지 관계, 근대 문명의 유입 등이라는 동일한 배경을 또한 가지고 있다. 이와 관련하여 서발턴의 형성과 네 유형의 관계를 살펴보고자 한다.

두 번째는 서발턴의 저항 양상을 구하의 저서 『서발턴과 봉기 – 식민 인도에서의 농민 봉기의 기초적 측면들』[26]에 제시된 서발턴의 봉기 패러다임을 기준으로 분석해볼 것이다. 구하는 서발턴의 봉기 양상을 식민 인도에서의 농민 봉기들을 중심으로 일반화 시키고 있지만, 이는 도시 노동자들의 노동 파업에도 적용 가능하다. 서발턴이라는 개념이 헤게모니가 없는 농민들뿐 아니라, 프롤레타리아와 도시 노동자들 포함하는 개념이라면 두 운동 모두 적용 가능할 것이다.

《고향》에는 두 공간이 설정되어 있다. 이는 원터마을이라는 전통 공간과 읍내라는 도시 공간이다. 두 공간은 모두 근대화 과정을 거치며 계급의 재편 과정을 거치는데, 이는 지배와 피지배, 중심과 주변으로 이원화할 수 있다. 그리고 지배와 중심의 자리에는 일본 제국주의와 자본이, 피지배와 주변의 자리에는 조선의 농촌과 노동이 위치한다. 그리고 이 두 공간에는 서발턴들의 쟁의가 일어나는데 원터마을에서는 농민들의 소작쟁의가, 제사공장에는 노동자들의 노동쟁의가 발생한다. 그러나 원터 마을의 소작쟁의는 쟁의 과정이 상세히 서술되어 있는데 반해, 제사공장의 노동쟁의는 쟁의 과정 자체가 상론되어 있지 않다. 이는 1930년대의 카프 검열 때문에 삭제된 부분에 있을 것으로 추측된다. 그러므로 제사공장의 노동파업은 소설

|26| 라나지트 구하 지음·김택현 옮김, 『서발턴과 봉기 - 식민인도에서의 농민봉기의 기초적 측면들』, 박종철출판사, 2008년.

의 행간을 읽어 파악해야 한다. 노동파업에서는 근대적 자본에 의해 노동이 예속화되어 가는 과정, 이 가운데 여성 서발턴들이 근대적 주체로 형성되어가는 과정 등을 살펴볼 수 있다.

서발턴 봉기는 우선 서발턴들이 자기 상급자들의 속성과 특성을 '부정'하는 것에서 시작된다. 모든 이데올로그들과 종교는 서발턴을 부정적 의식에 물들도록 만들었고 충성과 헌신을 강요했다. 부정은 폭력의 대상을 신중히 구별하는 정체의 구별, 지배와 권위 기호들에 대한 서발턴들의 파괴 행위 등을 통해 진행된다. 《고향》에서 부정의 대상은 원터마을에서는 마름 안승학, 제사공장에서는 사장과 직공장·공장감독이다.

두 번째로 서발턴 봉기는 모호성의 특징을 갖는다. 이는 범죄로 취급되기 쉬우나 결국 반란에 해당한다. 서발턴 봉기의 기저에는 대개 전국적인 기아와 가난이 자리하고, 이로 인한 범죄는 반란으로 발전한다. 그러므로 서발턴 봉기는 양가성을 지닐 수밖에 없는데 식민 권력자들의 눈에는 범죄로, 봉기 참가자들에게는 사회적 저항이 되는 것이다. 《고향》에서의 소작쟁의는 흉년이 가져온 기아, 계속되는 마름의 착취가 원인이 되므로 사회적 저항의 한 예라 할 수 있다. 노동쟁의 또한 생존과 직결되는 부당해고가 직접적 원인이 되므로 범죄가 아닌 반란이라 할 수 있다.

봉기는 양상이 진행될수록 일반적인 범죄의 태반에서 곧 분리된다. 그리고 공적이고 집단적이며 전면적인 양상을 지닌 폭력으로서의 정체성을 확립한다. 상의, 계획, 집회, 공격 등의 순서로 일이 진행되는 경우가 많다. 《고향》에서의 소작쟁의는 가을의 추수 건이 파업으로 결행되며, 노동쟁의는 노동자들의 노동파업으로 결행된다.

서발턴 봉기에서 연대는 자신의 행위에 관한 반란자의 의식을 그 행위에 관한 적들의 인식과 완전하고 명료하게 분리시키는 것을 말한다. 연대는 곧 서발턴 의식을 드러내는 것을 의미하며, 연대가 없이 반란은 거의 없다. 이때 계급연대와 다른 연대는 배타적이지 않다. 《고향》의 소작쟁의에서 연대는 '두레'에서 볼 수 있다. 두레는 텍스트 내에서 지배와 피지배라는 이원적 대결 의식의 매개체로 나온다. 원터마을은 두레를 통해 공동체 의식이 살아남으로써 소작권에 대항할 수 있는 서발턴성을 획득한다. 노동쟁의에서의 연대는 여공들과 남공들의 연대가 나타나며, 제사공장의 노동자 옥희와 방개 등은 소작쟁의에 돈을 지원함으로써 노농연대를 실행한다.

서발턴 봉기의 전파는 돌발성, 속도성, 동시성으로 구성된다. 돌연한 시작과 신속한 돌진으로 화산폭발처럼 자발적·돌발적으로 분출하며 들불처럼 일어나, 이는 반란의 영토를 넘어 모든 곳에서 일제히 총동원이 이루어졌다는 환상을 불러일으킨다. 《고향》에서 소작쟁의는 원터마을 사람들이 총동원되었으며, 이웃마을에도 거의 동시적으로 소작쟁의가 일어난다. 노동쟁의는 동기가 자연발생적이며, 전 노동자들이 참여한다.

마지막으로 봉기의 영토성은 주요 구성 요소가 혈연성과 인접성이다. 공통 혈통에의 소속감과 공통 거주지에 대한 소속감은 혁명가들이 서발턴 봉기의 한계 요인으로 비난한 요소이기도 하다. 서발턴 봉기에서 두 요소들은 배타적이지 않은 경우가 많으며, 드물게는 영토성의 한계를 넘는 경우도 있다. 《고향》에서의 소작쟁의는 두 요소에 바탕을 두고 일어난다. 원터마을은 기원을 서로 잘 아는 이웃들이 모여 사는 전통적 공간이다. 이들은 나쁜 현재에 의해 부정된 좋은 과거의 시간을 유토피아로 상정한다. 서발턴들은 그들이 이전에 소유했던 것을 식민당국과 지배계급에 의해 약탈당했다. 자연경제는 화폐경제로 대체되었고, 그들의 자유와 자급자족은 지주와 마름의 착취로 대체되었다. 노동쟁의는 제사공장 내에서 일어났으며, 제사공장 노동자들은 일본 자본주의의 동일성 논리에 저항한다.

《고향》에는 서발턴의 저항 양상이 잘 드러난다. 이를 통해서도 우리는 《고향》을 탈식민주의 이데올로그를 담고 있는 소설로 읽을 수 있다. 서발턴의 저항은 일본과 자본에 대항하는 사회적 저항으로 볼 수 있다.

3. 연구결과의 기대 효과 및 활용 방안

본 연구는 서발턴의 형성과 저항 양상을 통해 서발턴들이 예속성을 벗어나 주체화되어 가는 과정을 볼 수 있을 것이다. 그리고 이를 통해 서발턴들이 한 국가나 사회에 있어서 피착취계급으로만 존재하는 것이 아니라 역동적인 사회구성원으로 전화할 수 있음을 확인할 수 있다.

서발턴의 예속성은 "서발턴이 지배 담론에 의해 그 주체적인 행위(의식과 의지)를 배제당한 종속적인 타자로 전유되어 있음을 가리킴과 동시에 지배담론을 비판하고 저항함으로써 거기에 전유되지 않으려는 의식과 의지가 있음을 가리키는 개념"[27] 이다. 즉 이 개념에는 서발턴들이 지배담론에 의하여 종속적 지위를 가지고 있으나, 지배담론을 비판하고 저항할 의식과 의지가 있음을 내포하고 있기도 하다.

이로 본다면 서발턴의 주체 복원은 타자의 위치에 있는 서발턴을 주체의 위치로 이동하는 것이 아니다. 이는 단지 '자아/타자'라는 이원적 대립쌍을 본질로 하는 서구의 근대 인식론적 구조의 경계 설정을 답습하는 것이다. 그리고 단순한 지위 교체를 통해 주체화된 타자는 이데올로그적 주체 혹은 '주체 효과'에 불과하다. 서발턴 주체 복원은 지배적인 엘리트 담론 구조 외부로 나가는 것이 아니라 그 내부로 들어가, '하나의 비판적 포지션' 또는 '일종의 저항적 차이'를 형성하는 것을 말한다. 그러므로 서발턴의 주체화는 자신들을 억압하고 파편화하는 지배적 담론 체계에 대한 저항과 도전의 형태로 나아간다.[28]

서발턴 저항 형태로써의 '서발턴 봉기'는 식민 기간 동안에 식민주의의 필수적인 안티테제였다. 이 저항의 구조들은 지역 문화들의 차이에 따라 다소 다를 뿐만 아니라, 어떤 주어진 상황에서의 지배 스타일과 지배 집단의 상대적 비중의 차이에 따라 다소 다르게 나타나기도 한다. 다소 상이한 모든 동원 타입

[27] 김택현, 「인도의 식민지 근대사를 보는 시각과 서발턴 연구」, 『역사비평』, 1988년 겨울.
[28] 김택현, 위의 논문, 227~247쪽.

들은 봉기의 일반적 형식과 일치하는 경향이 있는데, 이는 본질적으로 하나의 패러다임을 갖는다. 앞장에서 살펴본 바와 같이 '부정, 모호성, 양상, 연대, 전파, 영토성'의 봉기 구성 요소는 각 봉기에서 살펴볼 수 있는 요소이며, 이는 식민 지배 이전의 시기든, 식민 지배의 시기든, 각 사회를 특징짓는 지배와 종속과 관계가 있다. 억압과 착취의 전통과 폭동과 대항 전통이 공존하는 것이다.[29]

《고향》에 나타난 서발턴의 형성과 저항은 본 연구자가 기왕에 연구해온, 텍스트 안에 나타난 탈식민성 고찰의 연장선에 있다. 연구자는 한국 근대소설에 나타난 탈식민성을 연구하고 있는데, 이번 연구에서는 탈식민성을 서발턴을 중심으로 살펴보고자 한 것이다.

탈식민주의에 대한 경도는 90년대 이후 전반적인 문화 현상으로 나타난다. 이는 80년대까지 한국 사회의 중심 화제였던 사회주의 리얼리즘이 가진 한계를 극복할 수 있는 이론이기 때문이다. 탈식민주의의 교과서라 할 수 있는 로버트 영의 『백색신화』[30]는 정통 마르크스주의와의 이견의 산물이다. 그리고

[29] 김희숙, 『황석영 텍스트의 탈식민성 연구』, 부산대출판부, 2017년, 100~101쪽.
[30] 로버트 영 지음·김용규 옮김, 『백색신화』, 경성대학교출판부, 2008년.

파농의 『대지의 저주받은 사람들』[31] 또한 담론으로서의 마르크스주의가 비가시적인 레이더스크린, 다시 말해 여성·인종 및 다른 소수 집단들, 나아가 식민화 되거나 이전에 식민화를 경험한 제3세계 국가의 사람들처럼 다양한 방식으로 억압을 겪은 사람들을 보이지 않게 만드는 레이더스크린으로 기능했다는 인식과 관련 있다고 말한다.[32]

정통 마르크스주의는 다음과 같은 난제를 해결하지 못한다. 첫째 마르크스주의에 내포된 경제주의는 모든 인간적 현상들을 경제결정론으로 환원하여 단일하게 설명하여 미국의 흑인문화나 케이프타운의 디스트릭스 식스(Distrix Six)를 관가한다. 둘째, 정통 마르크스주의의 토대가 되었던 결정론적 역사철학에 의하면 역사적 과제는 근대성으로의 이행이 되고 이는 유럽역사의 서사로 환원되어 여타의 역사는 도외시된다. 셋째, 정통 마르크스주의는 혁명의 유일한 주체로 계급을 내세우고, 혁명 계급은 협소한 부분의 산업 노동자인 프롤레타리아트 계급과 동일시되고 이는 곧 백인에 국한된다.[33]

[31] 프란츠 파농 지음·남경태 옮김, 『대지의 저주받은 사람들』, 그린비, 2007년.
[32] 로버트 영 지음·남경태 옮김, 위의 책, 34~35쪽.
[33] 로버트 영 지음·남경태 옮김, 앞의 책, 35~36쪽.

1975년 푸코는 68년 5월이 '마르크스주의는 곧 혁명적 과정'이라는 등식에 반기를 들었다고 말했다. 68년 5월은 지난 50년간 혁명의 모델로 삼았던 소비에트 모델을 파기하고 새로운 모델을 제시했는데, 이는 제3세계 반식민 혁명 투쟁으로 탈식민주의의 초기 형태였다. 푸코에 의하면 1968년 5월을 가능하게 했던 것은 '반마르크스주의'였다. 청년들은 경직되고 교조적인 마르크스주에 반대하였으며 서발턴의 서발턴 운동으로 이동하였다. 사회주의는 공산당 속에 제도화되어 새로운 절대 권력이 되었으며, 대학이라는 엘리트를 통해 유지되었다. 1968년 5월은 베트남 반전 시위의 영향으로 시작되었으며, 민중주의가 마르크스주의 틀을 깨뜨린 순간이었다. 반체제 급진주의자들은 아래로부터 출현하는 문제들, 다시 말해 여성과 인종적 소수 집단의 권리, 제도화된 인종주의와 이민 정책, 제도화된 감금의 문제들의 중요성을 주장했다. 이같은 민중운동을 프랑스에서는 '제3세계주의'라 하였다. 그리고 새로운 혁명은 파리·로마·베를린과 같은 유럽이 아니라 요하네스버스·하노이·산티아고 등과 같은 아프리카, 아시아, 남아메리카 등에서 가능할 것이라 가정하였다. 1968년부터 시작된 반식민투쟁은 비판적·반체제적 서양 담론들과 접합하고 헤게모니적인 유럽중

심주의적 지식과 권력에마저 사용되었으며 포스트식민주의로 불려졌다.[34]

본 연구자는 우리 문학사에 나타난 텍스트를 탈식민주의라는 비평의 잣대로 해석해보는 것이 의의 있는 일이라고 생각한다. 우리의 근대문학이 일본이나 서양이라는 제국을 통해 들어왔고, 우리는 일제강점기라는 제국의 식민 상태에서 36년간을 지냈으며, 식민 이후에도 강대국의 힘의 논리에서 자유로울 수 없었던 점을 생각한다면 이와 같은 연구는 문학 텍스트 내에서 당대 사회의 지배와 종속의 관계를 확인하고 지배 권력의 억압과 착취에 맞서는 사회운동들을 볼 수 있게 할 것이다.

[34] 로버트 영 지음·남경태 옮김, 앞의 책, 39~44쪽.

Ⅱ. 《고향》을 통해 본 서발턴의 형성과 저항

1. 서론

이기영의 《고향》을 통해 한국 근대소설에 나타난 서발턴의 형성과 저항 양상을 살펴보고자 한다. 《고향》에 나타난 서발턴의 형성과 저항 양상을 살피는 것은 《고향》을 탈식민적 관점에서 재해석하고자 하는 시도이다.

《고향》에 대한 연구는 '사회주의 리얼리즘'의 전형이란 관점으로 대체로 해석한다. 이는 작가 이기영의 전기적 삶과 문학[35]을 토대로 텍스트를 분석할 때 《고향》은 별 다른 이견(異見) 없이 '사회주의 리얼리즘'이란 이데올로그를 담고 있는 텍스트로 해석되어지는 것이다. "계급문학운동의 전개 과정에서

---

[35] 이기영은 세 가지 관점으로 평가되곤 한다. 9~10쪽 참고.

거둔 단편적인 성과들을 한데 모아 총체적으로 형상화해낸 문제작"[36] 혹은 "식민지 현실의 상황을 포착함에 있어, 또한 인물들의 형상화에 있어, 이전의 프로소설이 한계로 가지고 있었던 도식성과 관념성에서 탈피하여, 민중들의 삶과 행동을 바탕으로 그 전형적 성격을 훌륭하게 획득"[37]한 텍스트란 평은 이 같은 범주에 속하는 대표적인 평가들이다.[38]

그러나 《고향》은 사회주의 리얼리즘이라는 한정된 시각으로 해석하기 보다는 탈식민주의라는 새로운 이데올로그로 재해석해보는 것도 의의 있는 일이다. 사회주의 리얼리즘이 문학사에서 가장 문제적이었던 시기가 《고향》의 발표를 전후한 1920~30년대와 해방직후, 1970~80년대였다면, 오늘날은 동서독의 통합, 구소련의 몰락, 중국의 자본주의의 도입 등 사회주의 국가의 몰락 등과 함께 자본주의 사회의 대안적 이데올로그로서 기능하던 사회주의 이데올로그의 가치가 희석화 된 시기라고 할 수 있다. 지배와 소유의 문제를 새로운 시각으로 문제

[36] 권영민, 앞의 글, 25쪽

[37] 김윤식, 앞의 글, 1994년, 19쪽.

[38] 이 외에도 《고향》을 경향문학이라는 틀 안에서 분석하는 논자들은 많이 있다. 11~12쪽 참고.

삼고 있는 탈식민주의 문화이론은 사회주의 이데올로그가 '자아/타자'라는 이원적 대립쌍을 본질로 하는 서구의 근대적 인식구조의 경계설정을 답습하는 것을 비판한다.

탈식민주의에 대한 경도는 90년대 이후 전반적인 문화현상으로 나타난다. 이는 80년대까지 한국 사회의 중심 화제였던 사회주의 리얼리즘이 가진 한계를 극복할 수 있는 이론이기 때문이다. 탈식민주의 교과서라 할 수 있는 로버트 영의 『백색신화』는 정통 마르크스주의에 대한 이견(異見)을 나타낸다. 그리고 파농의 『대지의 저주받은 사람들』[39] 또한 담론으로서의 마르크스주의가 제 3세계국가의 사람들처럼 다양한 방식으로 억압을 겪은 사람들을 백인 프롤레타리아와 새로운 종속 관계를 형성하게 했음을 지적한다.

본고에서는 탈식민의 주체로서 서발턴을 상정한다. 서발턴이란 용어[40]는 그람시나 서발턴 연구 집단에 의해 사용되었을 때는 헤게모니 없는, 권력을 지니지 못한 집단에 사용되었으며 프롤레타리아와는 구분되는 개념이었다. 그러나 스피박

---

[39] 프란츠 파농 지음·남경태 옮김, 앞의 책.

[40] 김희숙, 『한국근대소설에 나타난 서발턴 연구』, 부산대출판부, 2018년, 13~19쪽 참조.

에 와서는 헤게모니와 권력을 지니지 못한, 정치적으로 소외된 집단이라는 의미 외에 자본으로부터 소외된 집단이라는 의미까지 더해져 프롤레타리아 계급까지 포함하는 의미로 사용되었다. 이 같은 서발턴이 텍스트 《고향》에 어떻게 형성되고 이들은 어떤 양상으로 저항했는지를 살펴볼 것이다.

2. 서발턴의 형성

텍스트 《고향》에는 각기 상이한 토대를 가지고 형성된 서발턴들이 나타난다. 그러나 이들은 모두 식민지 자본주의 발전의 파행성과 관련이 있다. 1920~25년에 진행된 일제의 산미증식 계획은 농촌에 있어 계급 분화를 촉진시켰다. 그리하여 자작농 및 소작농이 끊임없이 감소하고 지주 및 소작농이 현저하게 증가하였다. 1920년 90,930명이던 지주 수는 1931년에는 104,704명으로 증가하였으며 이들이 소유한 토지의 양도 크게 증대한다. 그 중 일본인 대지주의 토지 대집중이 높았으며, 대지주의 대부분은 부재지주로 농업경영에는 참여하지 않은 채 농민에 대한 봉건적 착취와 고리대적 관계, 신용 체계를 통한 수탈로 일관하고 있었다. 동시에 그들 대다수는 공업, 광업, 상업 등에서 임노동자를 착취함으로써 이윤을 획득하였다. 이에 반해 1921년에서 1932년 사이에 소작농은 41.6%나 증가하나, 같은 기간 동안 소작지의 면적은 겨우 15.7%밖에 증가하지 않아 소작농의 경영 면적은 더욱 영세화되었다.[41]

식민지 자본주의는 식민지 반봉건 지주제를 낳았으며 1920년대까지도 75% 이상의 빈농이었던 소작인들은 이들의 착취에 시달렸다. 고율소작율, 소작료의 현물납, 경제외적 강제 등은 식민지 농민으로 하여금 지주계급을 타파하고 토지혁명을 이루기 위해 반봉건투쟁과 반제투쟁을 하도록 만들었다. 결국 식민지 반봉건 지주제는 농촌 사회 내부에 계급대립관계를 형성하였다. 1920년대부터 빈농들은 반노동자적인 성격이 강했는데 춘궁기·농한기에는 지주나 부농에게 일고(日雇)의 형태로 고용되거나 도시·광산의 계절노동자가 되었다. 또한 중농도 끊임없이 분화·몰락하여 빈농이 되거나 노동자가 되었다. 농촌사회는 지배·종속의 관계가 일제 지주 대 소작인·노동자로 형성되었고 식민지시대 농민운동이 태동하기 시작하여,

[41] 한국민중사연구회 편, 『한국민중사 2 - 근현대편』, 풀빛, 1997년, 157~160쪽.

1935년까지 소작쟁의[42] 등의 농민폭동은 끊이지 않았다.[43]

농촌의 빈곤에 견디지 못한 농민들의 일부는 도시로 이주하여 일거리를 찾았다. 1932년에 만주에 거주한 조선인의 수는 60여 만 명, 일본의 경우는 40여 만 명에 달했다. 이들은 일본 본국이나 일본의 반식민지였던 만주에서 값싼 노동으로 혹사당했다. 국내노동자들도 1921년 5만 명이던 가내 공업 노동자가 1931년이 되면 10만 6,000여 명에 달하고 있었으며 여기에 광산 노동자, 운수 노동자, 건설 노동자까지 합친다면 약 22만 명 정도에 달했다. 이들 대다수는 경공업, 특히 방직과 식료품 공업 부문에 종사하였다. 노동자의 성별 구성은 여성 노동자가 전

---

[42] 농민들의 투쟁은 1930년대 전반기에 훨씬 더 치열해진다. 이때의 주요한 농민 투쟁은 1931년 강원도의 양양·삼척·강릉을 중심으로 하는 동해안 일대의 농민 폭동, 영동교·경상남도 김해 삼동면·전라남도 강진·평안북도 용성의 불이농장의 농민 폭동, 제주도 해녀들의 반일 폭동 등이다. 1932년에는 전라남도 보성과 경상남도 양산에서 농민폭동이 일어났고 김해 박간농장의 소작쟁의, 전라남도 영암군의 농민 폭동, 용천 불이농장의 농민 시위 등이 있었다. 그리고 1931년부터 계속해서 일어난 영흥, 정평, 홍원, 고원, 명천, 성진, 길주, 단천, 북청, 문천, 함주, 어대진을 위시하여 함경도 일대에서도 농민폭동이 끊이지 않았다(한국민중사연구회 편, 위의 책, 211~213쪽).

[43] 지수걸, 「일제시대 농민운동의 전개와 성격」, 『일제시대 민족운동 - 한길역사강좌 11』, 한길사, 1984년, 227~230쪽.

노동자수의 35.2%를 차지하였다. 여성 노동자는 일반적으로 가계 보조를 위해 취업한 경우가 많으며 가족이 기아 상태에 놓이지 않게 하기 위해 착취 수준인 저임금이라도 감수해야 했다. 1929년 성인 공장 노동자의 경우 조선인 남자를 기준으로 하면 일본인 남자의 임금은 2.32, 조선인 여성 노동자는 0.59, 일본인 여자는 1.09여서 조선인 노동자의 임금은 일본인의 반에도 미치지 못하였다. 노동 시간은 12시간 이상의 장시간 노동이 전체의 반 정도를 차지하고 있었으며, 여성 노동자가 많은 방직 및 식료품 공업에서는 더욱 심했다.[44]

결국 식민지 자본주의는 노동자 계층이라는 새로운 서발턴을 형성하였다. 일본 자본주의가 시장 기구를 통하여 경제적 수탈에 주력하자 자신들의 삶의 터전이었던 소작지마저 잃은 많은 농민들이 공장, 광산 등으로 몰려 노동자 계층을 형성한 것이다. 이들은 노동조합을 결성하고 태업, 도주, 주요 시설 폭파, 일제 관리 대한 폭행 등으로 저항하였다. 1930년대가 되면 적색지하노동조합이 경성, 평양, 부산, 마산, 여수, 함흥, 원산 등을 중심으로 전국적으로 전개되어 각종 쟁의투쟁[45]을 배후

---

[44] 한국민중사연구회 편, 앞의 책, 160~162쪽.

[45] 1931년에서 1936년 사이에 일어난 주요한 파업건수는 1,040건에 달했으

에서 지도하였다.[46] 이들은 8시간 노동제, 단체계약권, 최저 임금제, 동일 노동에 대한 동일 임금제, 피검자 석방 등을 요구하였다.

《고향》에 나타난 서발턴의 형성도 1920~30년대의 상황과 무관하지 않다. 원터마을에 사는 대부분의 소작인들과 읍내 제사공장에서 일하는 노동자들은 식민지 자본주의 하에서 각각

며 7만 9,175명의 노동자가 참여했다. 1931년 1월 대구 26개소 정미공장 노동자 1,600여 명과 운수 노동자들 1,000여명이 파업을 단행했고, 함흥에서도 제사공장 노동자 600여명이 파업을 일으켰다. 5월에는 평양 평원 고무공장 노동자들의 파업과 데모, 청진·원산·북청·김해 등지에서 메이데이 시위를 하였다. 6월에는 방직공장 노동자 400여명의 파업과 공장 점거, 인천의 각 정미 공장 노동자들의 파업이 계속되었다. 이후 노동쟁의는 일제의 탄압에 맞서기 위해 폭동화 되었다. 1932년 청진 부두 노동자들의 파업, 인천 조선성냥회사 노동자들의 파업 등은 파업 이후 폭동으로 발전했다. 1933년에도 부산 조선방직공장 노동자, 서울 편창제사공장 노동자, 평양 고무공장 노동자, 함흥 제사공장 노동자, 서울 소화제사공장 노동자, 부산의 고무공장 노동자들의 파업이 있었다. 1934년에도 함흥, 서울 등의 제사공장 노동자, 함흥 제련소 노동자, 신의주 제사공장 노동자들의 파업이 있었다. 1935년에 일어난 평양 세창 고무공장 노동자, 의주 금광 노동자, 일본 광업주식회사 남포제련소 노동자, 인천 부두 노동자, 부산 삼화고무 노동자들의 파업이 대규모로 있었다. 1936년에도 부산 항만 노동자, 신흥 탄광 노동자, 광주 방직공장 노동자, 대전 제사공장 노동자들의 파업이 일어났다(한국민중사연구회 편, 위의 책, 208~211쪽).

[46] 김낙중, 「일제시대 노동운동의 전개와 성격」, 앞의 책, 233~263쪽.

다른 토대를 가지고 형성된 서발턴들이다. 본 연구자는 다른 연구[47]에서 토대와 관련하여 서발턴의 유형을 지식인 서발턴, 프롤레타리아 서발턴, 헤게모니 없는 서발턴, 여성 서발턴으로 나누어 특징들을 제시하였다. 텍스트《고향》에도 토대와 관련하여 4가지 유형의 서발턴을 찾을 수 있다. 4가지 형태의 서발턴 가운데 '프롤레타리아 서발턴'은 전위적인 계급의식은 다소 덜 하지만 계급의식의 발전 가능성이 보이고, 쟁의에서 주도적인 역할을 감당하는 인물을 분류하였다.

2.1. 지식인 서발턴

지식인 서발턴은 고등교육을 받은 자들로서, 서발턴을 의식화하고 그들이 주인 되는 세상을 만들고자 자발적으로 서발턴이 된 인물들이다. 지식인은 '헤게모니가 없는, 지배와 소유로부터 소외된 집단'이라는 의미를 갖는 서발턴 개념에 포함시키기에는 애매한 측면이 있다. 소유의 문제는 제외한다 하더라도 헤게모니 혹은 지배로부터 소외되었는지는 의문의 여지가 있

[47] 김희숙, 앞의 책, 2018년, 30~77쪽.

기 때문이다. 그러나 사회주의 수용 당시 지식인의 계급이 문제시되었던 1920~30년대를 보면 당시 지식인 계급은 '유식 무산자'로 소유의 문제에 있어서 '무식 무산자'와 동일하게 취급되었으며 권력의 중심에 있기보다는 '무식 무산자' 계급을 교육·계몽하는 역할을 하였다. 그러므로 탈식민주의 문화이론에서도 지식인 집단이 지배와 소유로부터 소외되고 지배의 범주에 속하기보다는 자신들의 지식을 서발턴을 의식화하는 도구로 사용한다면 서발턴에 포함시킬 수 있을 것이다.[48]

여기에 속하는 인물로 희준과 갑숙을 들 수 있다. 희준의 부모는 희준이 중학에 다닐 때까지는 읍내에 집과 땅마지기나마 있었지만, 희준이 동경 유학을 다녀오는 사이 읍내 집을 떠나 원터마을로 이사했다. 원터마을은 식민지 조선에서 황폐해져 가는 농촌의 모습이 전형적으로 나타나는 곳이다. 희준은 조혼의 풍습을 피하고 문명국의 신학문을 배우기 위해 식민 모국인 일본으로 유학을 떠났지만 그가 돌아갈 곳은 춘궁기만 되면 술지게미로 연명하고 마름에게 착취당하는 원터마을이다. 그는 고향에 돌아와 '진리의 사도'가 되기로 결심하고 실천에 옮긴다.

[48] 김희숙, 위의 책, 30~32쪽.

당시의 지식인들은 노동자와 농민이 의식주의 창조자들이고 생산자들이므로 지구상의 모든 사람들은 그들이 먹여 살린다는 사회주의 사상에 경도되어 있었다. 희준 또한 5년간의 고학 생활을 겪으면서 진리가 근로대중에게 있다는 깨달음을 얻었다. 예전부터 농사는 '천하지대본'이라 해서 사람들은 먹고 사는 것을 우선으로 여겼다. 아무리 잘난 사람이라도 그에게 의식주를 안 주게 되면 그는 걸인이 되든지 굶어죽고 마는 것이다. 그러므로 옷과 밥을 만드는 노동자와 농민은 결코 천한 인간이 아니라 도리어 그들은 모든 사람들을 잘 살게 만드는 훌륭한 역군들이다. 그들이 부지런하면 못할 일이 없을 것이다.[49]

그는 근대와 전근대가 병존해 있는 혼성성의 공간인 낙후한 농촌을 더 나은 곳으로 만들고자 한다. 그리고 이를 위해서는 농민들이 노동의 실천을 통한 인간의 주체적 의지의 힘을 자각하는 것이 필요하다고 생각한다. 실천적 방안으로 그는 솔선수범하여 농사를 지으며 농민들을 각성시키기 위해 야학을 운영한다. 희준은 청년회관에서 야학을 운영한다.

[49] 김명숙, 앞의 글, 326쪽.

S청년회는 읍내 뒷잔등－송림 속을 지나서 정거장을 건너다보는 언덕 위에다 밭둑을 까뭉기고 새로 지은 기와집이었다. 회관은 십여 간이나 되어서 시골 청년회관으로는 그리 빠지는 축이 아니었다.

기미년 이후에 도처에서 향학열이 고조되고 사업욕이 팽창되는 바람에 이 지방에도 소위 유지 청년의 발기로 이 청년회를 창설하는 동시에 청년회를 세우자면 우선 회관을 건축해야 된다고 기부금을 모아서 새로 지은 것이다.[50]

그들은 참으로 천사와 같이 아리따웠다. 이들 천사와 한자리를 베풀 때에는 그는 언제든지 칼라를 새로 달고 양복을 손질하고 머리에는 빗질을 곱게 했다. 아무쪼록 보기 싫은 대머리를 감추려고….

한데 예배당에서 설교하기를 육신의 양식을 위한 세상일만 하고 하나님을 공경하는 안식일(주일)을 범하는 것은 하나님 앞에 용서치 못할 가장 큰 죄인이라고 하다가도 그들 앞에 가서는

"하나님은 언제든지 일하는 사람을 상주십니다. 노동

[50] 이기영, 앞의 책, 129쪽.

은 신성하기 때문입니다. 사회를 위해서 땀 흘리는 노동! 그 위에 더 신성한 것이 없은즉 여러분은 이 천직을 다하기 위하여 근면하고 모든 규칙을 복종하지 않으면 안 됩니다."

요술쟁이와 같이 그는 한 교리에서 두 진리를 발견하는 기적을 하고 있었다.[51]

S청년회는 20년대의 농촌계몽운동에서 시작되었으나 향학열이 식어가자 유명무실해졌다.그러다 희준이가 동경 유학에서 돌아온 이래 재흥시켰다. S청년회에서 열심을 내는 사업은 '야학'이었는데 이는 20년대의 농촌계몽운동과 같은 취지였다. 그러나 20년대부터 민족개량주의자들에 의해 행해진 농촌계몽운동은 '위로부터의 사업'으로 시혜적인 성격을 띠어 시대적 변화에 따라 유명무실해졌다. 그러나 희준은 노동자 농민을 무지로부터 벗어나 새로운 세상의 주인이 되도록 만들기 위해 교육과 계몽에 주력했다. 희준이 운영하는 야학은 아동반, 부인반, 남자반이 있었으며 학생들이 늘어나고 선생을 자원하는 이들도 있어 활기를 띠었다.

[51] 이기영, 앞의 책, 137쪽.

엡웰 청년회는 교회 소속 기독교 청년회였다. 개화와 더불어 들어온 기독교는 포교를 위한 수단으로 청년회를 두게 되었고 민족개량주의자들 중 상당수는 기독교인이었다. 엡웰 청년회는 파당을 지어 S청년회와 대립하였고 청년회 소속 교회의 목사는 마을 사람들로부터 신임을 얻지 못 하였다. 위 두 번째 지문에서 목사가 신임을 얻지 못하는 두 가지 이유를 찾을 수 있는데 첫 번째는 처녀들에게 설교하는 것을 기뻐하는 것이고 두 번째는 하나의 일에 대해 두 가지 상반된 태도를 취하기 때문이었다. 마을 사람들은 목사에게서 만인에게 '천국의 복음'을 전하는 이의 모습을 본 대신 성욕을 감추지 못하는 인간의 모습을 보았고, 이는 마을 사람들이 목사를 신뢰하는 것을 방해한 것이다. 더욱이 그는 일요일에 하는 '노동'에 대해 모순된 설교 한다. 즉 안식일에 하는 노동은 하나님을 공경하지 않는 행위에 해당하므로 '죄'라고 하다가도, 노동은 신성하므로 하나님은 언제든지 일하는 자를 상주신다는 것이다. 이로 인하여 엡웰 청년회는 대다수 마을 사람들로부터는 외면당하고, 자신의 이익을 취하는 소수의 청년들이 파당을 지어 다니는 곳으로 마을 사람들에게 인식되었다.

희준은 야학을 운영할 뿐 아니라 마름 안승학에 의해 마을 주민들이 생계의 위협을 당하자 두레를 결성하고 농민들의 단합된 힘을 이끌어낸 후 소작쟁의를 주도한다.

> …(중략)… 지금 이들에게 노동은 신성하다, 사람은 누구나 병신이 아닌 다음에는 노동을 해서 먹고 사는 것이 가장 옳은 일이라고, 농사짓는 것과 석탄 캐는 것과 고기 잡는 것과 길쌈하는 것 같은 생산적 노동은 그것들이 우리 생활에 직접으로 필요한 것인 만큼 더욱 귀중한 일이라고 설명을 한댔자, 잘 알아듣지 못한다. 그들은 놀고서도 잘 사는 사람을 부러워한다. 놀면서 잘사는 까닭이 웬일인지는 몰라도 사실이 그런 것만은 거짓말이 아니다.[52]

희준은 농민들에게 '생산적 노동'의 중요성을 깨우쳐주어, 서발턴이 주체화되어 가도록 교육하고자 한다. 생산적 노동을 하는 노동자들은 그들이 부러워하는 월급 생활자보다 중요하며 사회를 움직이는 기본 동력이다. 그러나 이들은 아직까지 낡은 생각에 붙들려 있어 새 시대를 종속적이고 예속적인 상태

[52] 이기영. 앞의 책, 264쪽.

로 살아간다. 서발턴의 주체화는 노동으로 대표되는 자기 인식의 변화에서부터 올 수 있다.

두레는 희준이 농민들에게 서발턴이 단합된 힘을 이끌어낼 수 있다면 어떤 어려움과 위기 상황이라도 해결해 나갈 수 있다는 것을 깨닫게 할 좋은 매개체였다. 희준은 두레를 통해 현재의 문제를 해결하기도 하지만 문제해결 방법을 통해 서발턴이 나아가야할 방향을 제시하고자 했다. 두레는 집단 노동으로 서발터의 운동력을 최고조가 되게 할 수 있다. 또한 두레는 공동체의 축제이기도 하다. 이는 특히 풍물놀이에 잘 나타나는데, 서발턴은 공동체의 축제를 통해 계급의 해체를 경험하며, 이는 지배계층의 통치를 전복하는 수단이 된다. 축제 중에는 주인과 소작인들 사이의 사회 구조적인 거리, 가족 구성원과 공동체 구성원 사이의 인간관계를 지배하는 규칙들에 대한 도전, 사회도덕과 공적 도덕의 노골적인 훼손 등이 일어나는 경우가 많다.

갑숙은 마름 안승학의 딸로 서울로 유학간 여학생이다. 갑숙은 희준과는 달리 소유의 문제에 있어서도 무산자 계급과의 유사성이 의문시되는 인물이다. 그러나 경호와의 연애에 실패한 후 가족과 학교를 떠나 박훈과 김희준의 소개로 고향의 제사공장에 취업을 하여 계급이동을 하는 인물이다. 갑숙은 옥희라고 이름을 바꾸고 공장에서 노동자로서의 생활을 하게 되는데 이후의 생활은 여느 노동자와 같다. 옥희는 공장에서 노동자의 실감으로 현실을 바라보며 자본의 논리와 노동자 농민계급의 착취에 대해 깨닫게 된다. 이후 노동자의 부당해고가 있을 때 이에 맞서 쟁의를 주도하는 인물로 나온다.

갑숙은 파업을 주도하고 투쟁하는 가운데 여성 노동자로서 성장한다. 제사공장에 들어간 이후 처음에는 육체노동 때문에 시달리고 건강이 파괴되어 갔지만 의지가 단련되어 감을 깨닫게 된다. 같은 여자 노동자들은 처음에는 그녀를 인텔리라고 소외시켰지만 옥희가 의식적으로 그들과 사귀려하고 함께 생활하게 되자 옥희는 그들과 동화될 수 있었다. 그리고 그녀에게는 노동자의식이 자리잡아갔다. 산업은 노동자의 힘이 아니고는 제대로 순환하기 힘들지만 이들은 이윤에서 소외된다. 자본은 공장주에게 들어가고 노동자와 농민은 그들의 이윤을 불리기 위해 원료를 공급하고 상품을 생산하고 다시 소비계급으로 자기 자신이 만든 상품을 품삯으로 받은 임금으로 사먹어야 한다.

옥희는 동료 노동자들에게 자신이 깨달은 것을 나눔으로써 서발턴을 교육시키는 역할을 한다.

> 문제는 해석에 있는 것이 아니라 세계를 어떻게 변혁하는가에 있는 것이다.
>
> …(중략)…
>
> 사람은 자연을 극복(克服)하여 물질을 풍부히 함으로써만 그들의 생활을 향상하고 인간의 문화를 고상하게 발전할 수 있지 않느냐?
>
> 그것은 물질을 토대하고 물질을 해방하는-오직 단순한 이 한 점에서 출발점을 찾을 것이다. 여기에 물질의 위대한 힘이 있다. 물질을 생산하는 노동의 위대한 힘이 있다.[53]

옥희는 처음에는 혼자서 생각하던 세계의 변혁과 이에 관계된 물질과 노동의 문제를 동무들에게 나눠보기 시작하였고, 인순이와 점순이뿐 아니라 여러 여성 노동자들도 그녀의 말에 동감해갔다. "갑숙(옥희)은 그녀의 지적 능력을 그들을 지도하려는

[53] 이기영, 앞의 책, 412쪽.

수단이 아니라 그들과 함께 공유"[54] 하는 수단으로 사용하였다.

또한 옥희는 노동자인 친아버지 때문에 고민하는 전 약혼자 경호에게 농민들을 착취하여 부를 축적한 자신의 아버지와 비교하며 훌륭한 노동자 아버지를 둔 것은 시대의 양심에 조금도 가책을 당할 것이 없는 일이라고 위로한다. 그러면서 삶의 목표를 부자관계나 연애 감정이 아닌 다른 것으로 삼아야 한다고 조언한다.

> 아니지요. 조금도 ……당신은 아까 내 한 몸을 위해서 사는 것은 하잘것없는 고통이라고 하시지 않았나요? 그럼 당신 아버지를 위해서 살어 주셔요! 당신 아버지와 같은 모든 농민과 노동자를 위해서……참으로 로빈손 크루소와 같은 열정으로 미개한 인간을 개척해 주셔요……그래도 당신은 외롭다 하시겠습니까? 그때는 당신도 외롭지도 않고 또한 그것을 행복으로 느낄 수도 있지 않을까요? ……아, 당신은 만일 그렇다면 ……지금 이 자리에서 굳게 약속해주신다면 나도 당신에게 제일 가까운 동무가 되고 싶어요…….[55]

[54] 배상미, 앞의 논문, 48쪽.
[55] 이기영, 앞의 책, 512~513쪽.

옥희는 경호에게 농민과 노동자를 위해서 산다면 외로움 대신 행복을 느낄 수 있을 것이라고 말한다. 자본주의 근대를 살아가는 지식인 계층인 경호에게 사회주의 사상을 교육하는 시작이라 할 수 있다. 그러나 옥희의 경호에 대한 조언을 통해 당시의 사회주의 사상이 '백색신화'에 머물러 있음을 알 수 있다. '로빈손 크루소'는 백색 자본주의를 상징한다고 볼 수 있다. 로빈손 크루소는 자연을 개척하여 무인도에서도 살아남는 인물이자 미개한 섬의 원주민들을 개화시키는 인물이다. 그러나 그는 한편으로는 식민주의자이다. 그러므로 원주민, 더 나아가 당시 식민지였던 많은 동아시아와 아프리카 나라 사람들에게는 그다지 반갑기만 인물은 아니다. 옥희가 모방의 모델로 제시하는 로빈슨 크루소는 일본 제국주의자들이 될 수도 있다. 우리는 여기서 옥희의 한계를 볼 수 있다.

2.2. 프롤레타리아 서발턴

프롤레타리아 서발턴이란 계급혁명을 통해 무산자 사회를 이룩하고자 했던 마르크스주의의 혁명 주체 세력으로서의 프롤레타리아이다. 프롤레타리아는 부르주아의 입장에서 보면 생산과정에 투입되는 가변자본이다. 부르주아에게 있어서는 프롤레타리아가 가격과 비용이 유동적인 자본, 부르주아가 소유한 자본의 형태로서 자본주의적 착취의 대상이면서 생산의 주체이다. 그러나 자본주의 체제를 변혁하려는 혁명운동가에게 프롤레타리아는 노동계급으로서 변혁의 주체가 된다.[56]

그람시와 서발턴 연구 집단이 프롤레타리아와 서발턴을 구분하려고 한 반면 스피박은 초국적 자본에 의한 신식민 상황에서 진행되는 지배 집단의 권력에 의하여 소외된, 헤게모니 없는 집단을 서발턴이라고 불렀을 뿐 아니라 자본과 물질에 의해 이중으로 소외된 사람들까지 서발턴이라 함으로써 프롤레타리아를 서발턴에 포함시킨다. 본 연구자도 『한국근대소설에 나타난 서발턴 연구』[57]에서 서발턴의 범위에 프롤레타리아를 포함시켰다.

프롤레타리아 서발턴은 노동자를 비롯한 무산자 계급을 가리키며 이들은 계급의식과 전위의 눈을 갖는다. 이로 본다면 《고향》에서 프롤레타리아 서발턴에 걸맞는 인물로 인동과 김선달을 찾을 수 있다. 이들은 전위적인 계급의식은 없지만 서

[56] 김희숙, 앞의 책, 2018년, 43쪽.
[57] 김희숙, 위의 책, 23쪽.

발턴 저항의 한 양상으로 볼 수 있는 '두레'의 결성과 운영, 소작쟁의 등에 주도적으로 나서는 인물들이다.

인동은 소작인 원칠이와 박성녀의 장남으로 읍내 방축 공사를 위해 삼년이나 아버지와 함께 부역을 다녔다. 원칠이는 원터마을 소작농으로 궁핍하게 살아온 인물이지만 부역과 품팔이 등으로 노동자 생활도 체화(體化한) 인물이다. G군은 십 년 전후로 삼대 공사를 기공하였고 원칠은 이에 동원되었다. 읍내 앞내의 제방 공사는 부역이 많았고, 철도 부설과 제사 공장 건축 공사는 인부를 모집해서 역사를 시작했다. 그 때문에 부근 촌락에 사는 농군들은 노동자로 뽑혀서 품을 팔기도 했기 때문이다.

인동은 근대화되어 가는 읍내를 보며 자신이 농사에만 묶여 있는 것이 '자고 있는' 것과 다를 바 없다고 생각한다. 인동은 희준에게 동경 대판 등지에 있는 큰 공장 이야기를 들으며 그곳을 꿈꾼다. 그리고 읍내 제사공장에도 동생 인순이만 들어가게 하고 자신은 농사만 짓게 하는 부모를 원망한다. 그러나 인동은 발전적으로 성장해 가는 인물이며 이 성장에 따라 '잠자는' 것에 대한 내용이 달라진다. 농사일만 하는 것을 발전적이지 못하다고 생각하는 데서, 농민들의 무지한 상태가 '잠 자는 것'이라는 자각으로 바뀌는 것이다.

인동은 "김희준을 매개로 새로운 세계에 대한 지향성을 갖게 되며 자기 삶의 주체로서 성장"[58] 해 간다. 그는 문맹을 벗어나기 위해 김희준이 하는 야학에서 글을 배우며, 원터마을에서 소작쟁의가 일어났을 때 쟁의를 주도함으로써 쟁의의 중심 세력이 된다. 그는 수재가 심하게 나던 해, 마름 안승학에게 대항하기 위해 마을 사람들이 '벼 베지 않기' 투쟁을 결의한 후 하나 둘씩 무너져 갈 때도 끝까지 버틴다.

인동의 변화는 무지에 대한 각성에서부터 시작된다. 인동은 가을 추수를 하면서 '우리들은 지금까지 자고 있었다. 그리고 밤새도록 가위를 눌렸다. 별안간 악몽을 깨어나 보니 세상은 딴 세상이 된 것 같았다'라고 생각한다. 그리고 그의 생각은 '가난'의 원인에까지 이른다.

> 농사를 잘못 지어서 가난하더냐? 사람이 오직 땅만을 믿고 산다는 것이 틀렸다……. 그러면 누구를 믿고 살 것이냐? 그러나 흘러가는 냇물은 목마른 사람에게 더욱 필요하지 않는가? 그렇다. 부지런한 사람은 남 먼저 물을

---

[58] 김병구, 앞의 글, 166쪽.

먹을 수도 있다.

한데 그들은 그저 자고 있지 않은가! 모두 손톱만한 제 욕심에 눈이 어두워서 …… 막동이 그 자식은 계집한테 눈이 어둡고, 학삼이 그 자식은 막걸리에 눈이 어둡고, 쇠득이 못난이는 엿방뱅이(투전)에 눈이 어둡고 …… 놈들이 어떻게 하면, 정신이 펄쩍 나게 깨워 놓을 수 있을까?[59]

인동은 가난의 원인이 '농사를 잘못 지어서'라기 보다 사람이 오직 '땅 만을 믿고' 살기 때문이라 생각한다. 가난은 잘못한 노동 때문에 있는 것이 아니라, 자본의 분배에 있는 것이다. 농민들이 아무리 부지런히 일을 해도 땅을 소유한 지주가 부당한 소작료를 요구한다면 농민들은 가난의 고리를 깰 수 없는 것이다. 그러므로 가난의 원인은 소작인들에게 있다기보다 지배 권력인 땅의 소유자들에게 있다. 그러나 인동은 이 같은 상태를 벗어날 수 있는 방법을 소유 관계에서보다 개인의 '부지런'에서 찾는다. 막동이, 학삼이, 쇠득이는 제 욕심에 눈이 어두워 자신들이 처한 가난을 벗어나려고 하지 않는다. 이들을 잠자는 상태에서 벗어나 정신이 나도록 깨워놓아야 남 먼저 필요를

[59] 이기영, 앞의 책, 396쪽.

채우고 가난에서 벗어날 수 있다고 생각한다.

인동은 희준이 하는 야학을 통해 글을 깨우치고 나서는 노동관이 바뀐다. 이 세상은 노동의 힘으로 움직이는 것이다. 그리고 농사짓는 것은 노동하는 것이며, 이는 노동자 농민을 주인으로서 살게 하는 것이다. 이 같은 깨달음은 수해가 나고 흉년이 지속되었을 때 마름 안승학에게 소작료 면제를 요구하는 투쟁을 벌이는데 앞장서게 만든다. 그러나 그의 인식은 '지배-피지배'의 계급 구조에 대한 이해와 계급 혁명을 통한 무산자 사회 건설에까지는 이르지 못한다.

김선달은 과거 젊은 시절에는 – 일본이 조선을 식민화하기 전에는 – 노름판을 쫓아다녔던 인물로, 술 잘 먹고 시조 잘 부르고 노름 잘 하며 지냈다. 그는 말싸스 인구론을 근거로 지금의 빈곤이 좁은 땅에 많은 사람이 살고 신식 개화를 알지 못했기 때문이라고 말한다. 조첨지로 대변되는 구세대와 인동으로 대변되는 신세대의 중간에 속하지만 서양의 근대화 이론을 알고 사회 현상을 진단하는 인물이다. 그는 조첨지가 세상 이치를 모르며 지금의 가난을 한탄만 하는 것에 비한다면 훨씬 각성한 의식의 소유자라고 할 수 있다. 그러나 그의 의식은 가난의 근본 원인이 제국주의와 식민지의 관계, 자본과 노동의 관계에 놓여 있음을 알지 못한다. 결국 가난의 근본 원인은 식민지 자본주의 때문이며 서발턴들은 이에 대항해야 함을 모르는 인물이다.

그는 희준에 의해 의식 있는 서발턴으로 변해간다. 그는 희준이 자신들과 같은 무지한 백성이 아님에도 농사를 짓는 노동을 하는 것에 의문을 갖는다. 농사는 자신과 같이 무지하고 가진 것이라고는 전혀 없는 사람들이나 하는 것이지 희준과 같이 동경유학을 다녀와서 월급 생활을 할 수 있는 인물이 할 일은 아닌 것이다. 희준은 '사회'를 위해 거룩한 일을 할 사람이고 자신들은 개돼지처럼 제 목숨 하나 먹고 살기에 겨를 없는 것이다.

그는 희준이 재흥시킨 청년회에 대해서는 비판적 시선을 가지고 있다. 청년회는 유복한 자식들이 다니는 곳으로 청년회원들 대부분은 부모가 뼛골이 빠지게 보통 학교를 졸업시켜 놓으니 빈둥빈둥 놀고먹는 자들이다. 보통 농민들은 먹을 것이 없어 부앙이 나고 돼지죽으로 사용하던 지게미마저 못 얻어먹어 한숨지으며 살고 있지만, 이들은 '운동'을 하면 몸도 튼튼해지고 소화도 잘 된다고 청년회 일을 한다. 그러므로 김선달이 보기에 이들은 '천하에 기급'할 놈들이다. 그러나 김선달은 청년회가 하는 - 물론 이도 희준이가 주도하는 것인 줄로 안다 - 야학 일은 '모르는 놈'을 잘 가르치는 좋은 일로 인정한다. 그리고 김선달의 이 같은 생각에서 희준은 자신과 공통된 의식이 있음을 마음에 새긴다.

김선달은 적극적이고 행동하는 인물로 프롤레타리아 전위부대가 될 가능성을 가지고 있다.

> "그렇다고 덮어 놓고 주먹질이야 할 수 있나요. 매사에 앞뒷일을 생각해야지요."
>
> "물론 그야 그렇지…. 동시에 무슨 일을 시작할라면 동시에 그 응어리를 송두리째 빼놓아야 한단 말일세. 우리는 그런 일에 상관이 없기 때문에 아랑곳을 안했네마는 정말 내게 당한 일 같애 보지, 그까짓 것 어떤 놈의 목줄때기를 대번에 비틀어 놓고 말지 그래, 그대로 있어…. 기껏 해야 죽기밖에 더하겠냐?"[60]

김선달은 엡웰청년회의 시비로 S청년회와 엡웰청년회가 싸웠지만 일의 마무리가 흐지부지 된 것에 대하여 희준을 나무란다. 무슨 일을 시작하면 '응어리'를 송두리째 빼놓아야 한다는

[60] 이기영, 앞의 책, 180쪽.

것이다. 기왕 벌어진 싸움은 죽기를 각오하고 싸워야 한다고 생각한다. 김선달의 이같은 성격이 의식화된다면 현실투쟁을 위해 전면적으로 싸울 수 있는 프롤레타리아트가 될 수 있을 것이다.

김선달은 희준이가 '진리의 사도'일을 실현시키고자 할 때 앞장서서 일하였다. 수재와 흉년이 겹쳐 마을 사람들이 소작료를 내기 힘들어지자 김선달은 그들과 함께 안승학을 찾아가 소작료를 면제해달라고 요구한다. 뿐만 아니라 소작료 면제를 위해 '벼 베지 않기' 투쟁을 할 때도 생계 때문에 투쟁이 실패로 돌아갈 것을 염려하여 희준과 인동이 돈을 구해오는데, 김선달은 이를 모두에게 공평하게 돌아가도록 나누는데 적극적으로 실행한다.

2.3. 헤게모니 없는 서발턴

지배적 위치에 있지 않던, 미조직화 된 서발턴들이다. 고대로부터 현재에 이르기까지 역사의 모든 순간에 피지배의 위치에 있으면서 헤게모니로부터 소외된 집단이다. 이는 서발턴이란 용어를 처음 사용한 그람시의 서발턴 개념에 가장 적합한 인물들이라 할 수 있다. 그람시는 한 사회의 헤게모니를 장악하고 있는 집단을 제외한 종속 집단을 서발턴이라 하였다. 그러므로 그람시의 서발턴 개념은 마르크스주의 혁명의 주체를 논할 때 배제되었던 부차적인 집단을 말한다. 결국 서발턴은 지배 권력으로부터 소외되었을 뿐 아니라 마르크스주의에 의해서도 소외된 집단인 것이다.[61]

헤게모니 없는 서발턴들은 어느 시대나 사회를 움직이는 기반이 되지만 권력의 주변부에 위치하며 착취의 상태에 놓이는 경우가 많다. 이들은 조직적으로 대항할 힘을 가지지 못하는 경우가 많지만 역사의 변혁기에는 역사의 방향성을 결정짓는 거대한 물결이 된다.

1920년대와 1930년대 전반기에 있었던 농민운동의 대부분은 사회주의의 영향을 받았지만, 농민운동의 더 큰 동인은 일본의 착취와 빈곤 때문이었다. 착취와 빈곤은 농민들로 하여금 사회적 저항 이외에는 살아갈 수 있는 다른 방법이 없도록 만들었다. 1910년대의 토지조사사업은 많은 농민들을 소작농으로 전락시키고, 1920년대의 산미증식 계획은 일제의 미곡양탈을 급

[61] 김희숙, 앞의 책, 2018년, 55쪽.

격하게 증대시켰을 뿐 아니라 일본인 및 대지주, 미곡 상인들에 의한 조선 민중의 수탈을 강화시켰다. 그리고 일본은 1930년대의 농촌진흥운동, 남면북양(南綿北羊)[62] 등의 기만적 슬로건을 걸고 조선 농촌의 수탈을 강화하였다. 이에 농민들은 1920년대의 소작쟁의에 이어 30년대가 되면 더욱 치열하게 투쟁하게 된다.

헤게모니 없는 서발턴에 속하는 인물은 《고향》에 등장하는 대부분의 원터마을 사람들과 경순이다. 원터마을 사람들은 대부분 헤게모니 없는 서발턴의 삶을 전형적으로 보여 준다. 변리돈을 갚지 못해 자살한 박서방, 중산계급이 몰락하여 소작농이 된 최명보, 소작권마저 떨어진 쇠득이, 시모와 남편의 무지로 갓난아이를 오장이에 넣어 시렁에 얹어 놓았다가 죽게 만든 국실 등이 그들이다. 이들의 모두 분석의 대상으로 삼을 수 있으나 여기서는 쇠득이 모친과 백룡이 모친을 중심으로 원터마을 사람들을 살펴보고자 한다. 왜냐하면 그들은 헤게모니 없는 서발턴의 피억압 상태뿐 아니라 서발턴의 발전적 속성까지 잘

[62] 1933년부터 10년간 해마다 4억 2,000만 근의 실면 수확량을 올리고 1934년부터 약 10년간 면양 10만 마리를 증식시킬 것을 계획하였다. 그리고 이것도 다른 정책과 마찬가지로 결국 원료 확보를 위한 농촌 수탈에 목적이 있었다(한국민중사연구회, 앞의 책, 201~202쪽).

드러내 주기 때문이다.

쇠득이 모친과 백룡이 모친은 '이리의 마음' 장에 등장하는 두 과부이다. 쇠득이 모친은 날마다 콩밭을 보며 가을 예산을 하고 기뻐한다. 그런데 가래 떼가 밭두둑을 파먹은 것은 말할 것도 없고 백룡이네 송아지가 콩잎을 뜯어먹은 것을 보고 돌멩이로 송아지 정수리를 맞혀 쫓아낸다. 이에 화가 난 백룡이 모친은 콩밭으로 와 쇠득이 모친과 싸운다.

> 백룡이 모친은 주먹을 쥐어서 노파의 아래턱을 치받쳤다. 그러지 않아도 근드렁거리는 앞니가 무엇을 씹을 때마다 마주 닿으면 여간 아프지 않은데 별안간 아래윗니를 턱 마주치고 보니 그만 눈에서 불이 번쩍 나고 무엇이 부러지는지 으직끈! 하는 소리가 난다.
>
> …(중략)…
>
> 노파는 뻘떡 일어나더니 흙 한주먹을 쥐어서 별안간 백룡이 모친의 얼굴에 짝 끼얹으면서 한 손으로는 그의 머리채를 휘어잡았다.
>
> "이년 누구를 치니? 너는 에미 애비도 없니? 이 화냥년아!"
>
> "아니 이년이 누구를 보고 화냥년이라니. 이년 화냥질

하는 거 눈깔로 봤니?"

"그럼 못 봐! 이 XX를 찢어 죽일 년!"

…(중략)…

노파는 떠다박지르는 대로 다시 달려들며 입에 고인 피를 백룡이 모친에게 확확 내뿜었다. 피가 흐르는 이빨과 아울러 너덜너덜하는 적삼동 밑으로 시꺼먼 살이 드러난 게, 더욱 그의 몰골은 처참해 보였다. 그는 체머리를 흔들며 여전히 피 고인 침을 한입씩 내뱉었다.[63]

쇠득이 모친과 백룡이 모친이 싸운 동기는 각자 집안의 생계가 달린 '콩밭'과 '송아지' 때문이다. 그것들에 흠집이 생기자 일제 식민지 시대 이전에는 너그럽게 웃음으로 봐주던 일을 이제는 욕설과 몸싸움을 해가며 분풀이를 해댄다. 이들의 싸움은 손해 본 것을 변상 받고자 하는 의도가 아니라 목숨처럼 소중한 것이 훼손당한 것에 대한 울분의 표현이다.

서발턴은 자신들의 감정을 욕설이나 행동으로 직접 표현한다. '화냥년', '에미 애비 없는 년', 'XX랑이를 찢어 죽일 년'이라는 욕설에는 수난의 시대를 살아가는 서발턴의 질고가 그대로

[63] 이기영, 앞의 책, 187쪽.

녹아 들어가 있다. 그리고 그들의 몸싸움은 감정을 숨길 여유조차 없는, 슬픔에 대한 직접적 표현이다. 이는 '피가 흐르는 이빨', '너덜너덜하는 적삼동 밑으로 드러나는 시꺼먼 살' 등의 처참한 몰골과 함께 서발턴의 외양을 드러낸다.

두 과부의 싸움은 밭머리에서뿐 아니라 마을로 내려와서까지 계속되고, 그들의 며느리에게까지 확대되어 두 집안 사이의 화해는 불가능해 보인다. 그러나 두 사람은 두레 때 화해하게 되고, 힘을 합쳐 공동의 문제를 해결하는데 함께 한다. 마을 사람들은 백룡이네 논을 다 매고 나서 깃대를 들고 와 백룡이네 마당에서 한바탕 뛰며 놀았다. 백룡이 모친은 술을 한 동이 사다가 일꾼들을 먹이고 자신도 술 취한 채 치맛자락을 걷어들고 쇠득이 모친과 마주 서서 엉덩춤을 추고 지화자를 불렀다. 그들은 똥을 끼얹고 싸우던 엊그제 일을 생각하고는 웃었다. 서발턴은 공동의 문제 앞에서 방해가 되는 개인적인 문제를 화해의 장으로 내려놓는다. 공동의 축제 앞에서 계급 내부의 문제는 자체적으로 해결되는 것이다.

경순은 멀리 OO군에서 올라온 직공이다. 당시의 공장 노동자들은 농촌 구조가 재편되면서 농민들이 경작지를 잃고 빈곤을 견디지 못해 도시로 이주한 사람들이 많았다. 경순 또한 가계의 보조를 위해 저임금으로라도 취업한 경우로, 이들은 공장주나 감독이 일방적으로 해고해도 아무런 저항도 할 수 없었다.

> "구비끼리!"
> 여러 애들은 입 속으로 일제히 이렇게 부르짖고 사지를 벌벌 떨고 있었다. 한 삼십 분 뒤에 그애는 참으로 그 당장에 해고를 당하고 뚝뚝 떨어지는 눈물을 흘리며 시름없이 나왔다.
> 그는 몇 푼 안 되는 간조를 타기에 엄중한 훈계를 받았다.
> "어서 행구를 차려 가지고 늬 집으로 가! 주둥이를 함부로 놀리다가 그래도 싸지!"
> 하는 감독은 성화같이 재촉하였다.
> …(중략)…
> 감독은 코똥을 뀌고 달아났다. 그애는 제 방으로 돌아가서 행장을 묶어 가지고 기숙사를 나왔다. 그는 행구를 싸면서도 목을 놓고 울었다.[64]

경순의 해고 장면이다. 회사에서 불경기라 물건이 잘 팔리

[64] 이기영, 앞의 책, 479쪽.

지 않는 것을 빌미로 임시 휴업을 선언하였다. 그리고 사원들의 월급과 주주 배당은 그대로 있을 것이라는 말을 우연히 엿들은 경순이 이에 대해 불평하자 감독은 경순을 해고하였다.

감독은 노동자들에게 '공밥'을 주며 노예 상태로 부리는 것을 당연시 한다. 경순은 감독에게 불려 사무실로 들어갈 때 도수장에 들어가는 '짐승'처럼 끌려갔다. 그리고는 눈물만 흘리고 해고를 받아들일 수밖에 없었다. '해고'는 노동자들이 '사지를 벌벌 떨도록' 만드는 행위이나 그들은 속수무책으로 당할 수밖에 없는 것이다.

경순은 해고당한 후 고향으로 내려갔지만, 이는 남은 이들이 힘을 합하여 경순과 자신들을 위하여 싸울 수 있는 계기로 작용했다. 남은 노동자들은 파업을 단행하며 경순의 복직, 대우개선, 기타 몇 가지 요구 조건을 사무실로 제출했다.

파업은 노동자들의 요구 조건을 받아들이는 것 없이 끝났다.[65] 사장 측에서 고두머리와 또 한 명의 여공을 유치장으로 보낸 후 파업이 자연발생적이고 내부 상황만 있을 뿐 외부의

[65] 1930년대 동맹파업의 결과는 관철되는 비율은 낮아지고 거절되는 비율이 높아졌다. 동맹파업은 철회되기보다 타협하는 비율이 높아졌는데 이는 노동운동에 대한 탄압적 조건 속에 노동자들은 불가피한 경우를 제외하고는 쟁의를 제기할 수 없었다는 것을 반영한다(김낙중, 앞의 글, 258쪽).

개입이 없는 것으로 보고 타협안을 제시했다. 감독을 내세워, 그들이 개업(開業)할 때까지 그대로 파업한다면 휴업하는 노동자들은 모두 해고할 것이고 지금이라도 복업(復業)한다면 들어간 애들도 나오게 할 것이라고 협박했다. 이 말을 들은 노동자들은 이 말을 즉시 수용하지 않는다면 자발적으로 제각기 복업하겠다고 하여 옥희와 파업을 주도한 노동자들은 감독의 타협안을 받아들일 수밖에 없었고 이로써 파업은 종결되었다.

2.4. 여성 서발턴

1920~30년대 여성 서발턴의 형성은 근대화의 진행과 관련된다. 1910년대부터 들어온 일본 자본은 주로 방적, 양조업, 정미업 등 농산물 가공 상업이나 경공업 등 원료 약탈과 관련된 것에 투자되었고 이는 식민지적 성격이 강했다. 이와 더불어 서발턴 생활에도 변화를 가져오게 되는데 이는 서발턴을 지배하는 집단이 봉건적 특권계급에서 이민족인 일본인으로 변화된 것이다.

전통적 농촌의 구조가 재편되면서 여성들도 가족의 궁핍한 생활을 돕기 위해 공장 노동자가 되는 경우가 많았다. 식민지 자본은 노동력을 필요로 하였고, 이에 농촌에서 남아도는 여성들은 근대적 공장으로 갔다. 여성들은 노동을 통해 돈을 벌 뿐 아니라 자본과 노동, 노동자의 삶 등에 대해 의식화 되어갔고 새로운 계층을 형성하였다. 여성 서발턴들은 이중의 속박인 지배 권력과 남성으로부터 벗어나고자 한다. 이는 일반 여성들이 지니는 지위와 동일한 경우가 많다. 특히 제3세계 여성은 남성으로부터 뿐 아니라 제국, 중심 권력, 때로는 제국의 여성들로부터도 소외된다.

1930년대 이후 일제의 식민지 억압과 착취는 조선 민중의 빈궁화를 더욱 촉진시켰고 세계 경제공황의 영향을 받아 실업자 수는 격증했다. 노동자는 실업의 불안과 공포 속에서 자본가가 무리한 노동을 강요하더라도 저항하기가 힘들었다. 노동 시간은 12시간 내지는 14시간이 보통이었고 여성 노동자가 주로 근무하는 방직공장에서는 15~18 시간이 보통이었다. 그 반면 임금은 극도로 낮았다. 특히 이 당시 40% 정도를 차지하고 있던 여성 노동자와 유년 노동자에 대한 착취는 훨씬 심했다.[66] 여성 노동자는 전 노동자 수의 35.2%를 차지하고 있었으며 가

[66] 한국민중사연구회 편, 앞의 책, 205쪽.

족의 생계를 돕기 위해 지독한 저임금이라도 감수해야 했다. 이는 전체의 7.5%를 차지하고 있던 소년 노동자의 경우도 마찬가지였다.[67]

《고향》에는 여성 서발턴에 해당되는 전형적 인물로 인순과 방개가 등장한다. 인순은 소작인의 딸로서 공장 노동자가 되어 일본 자본주의 메카니즘을 체득하며 근대적 규율에 강제적으로 동일화된다.[68] 그녀는 공장 기숙사라는 통제된 공간에서 혹독한 노동을 견디며 같은 노동자들과 경쟁한다. 그러나 그녀는 부당하게 해고당한 친구의 복직과 처우개선을 위해서 갑숙과 함께 노동 파업을 주도한다.

인순이 공장으로 들어간 것은 1920~30년대 식민지 조선에 만연된 농민층 분해 현상과 관련된다. 인순은 가난한 소작인 원칠이의 딸이었지만 작년 봄에 보통학교를 졸업했다. 졸업 이후 상급 학교로 진학하지 못한 인순의 거취는 여느 여자들과 다름없이 조혼의 풍습을 따르든지 그렇지 않으면 다른 길을 찾아야 했다. 가정의 빈곤 때문에 인순은 자기 한 입이라도 덜어야 하는 입장에 있는 것이다.

[67] 한국민중사연구회 편, 위의 책, 160~161쪽.
[68] 김선규, 앞의 글, 47쪽.

작년 봄에 보통학교를 졸업한 인순이는 그만 앞길이 콱 막히고 말았다. 부모가 수군거리는 것이 은근히 무서웠다. 그는 그들을 떠나서는 도무지 살 수 없을 것 같았다.

'아 – 나는 어떻게 하나? …….'

그는 지향 없는 앞길을 놓고 자기의 조그만 가슴을 태웠다. 그는 자나깨나 무시로 만단 궁리를 해보아도 도무지 이렇다 할 묘책은 나서지 않았다. 그것은 마치 캄캄한 어둔 밤중에 명멸(明滅)하는 등불을 켜들고 외로이 산골길을 헤매는 사람처럼 밤새도록 그 생각을 되풀이할 뿐이었다. 그의 인생의 조그만 등불은 아직 '광명'을 비추기는 너무도 희미하였다. 그보다도 그의 주위에는 야채와 같은 '암흑'이 둘러쌌다.[69]

인순은 '가출'해야 하는 상황에 처하자 미지에 대한 불안과 두려움에 휩싸인다. 자신이 처한 상황은 마치 '캄캄한 밤중에 외로이 산길을 헤매는' 사람과 같다. 근대는 자본주의와 봉건의 풍습이 혼재하는 무질서의 공간이다. 이 공간을 살아가는 조선인, 특히 조선 여성들은 '암흑'을 명멸하는 '등불'로 헤쳐나

[69] 이기영, 앞의 책, 33~34쪽.

가야 한다. 인순이 든 등불은 인순을 '조혼'으로 인도하는 대신 새로운 길인 '제사공장' 노동자의 길로 인도했다. 희준의 소개로 제사공장에 취직한 인순은 농촌이 분해되고 공업화가 진행되면서 여성 노동력이 필요하던 식민지 조선을 살아가던 여성 노동자의 한 유형이라고 할 수 있다.

인순은 제사공장에서 봉건적 신분질서에 대한 중요한 깨달음을 얻게 된다. 여자도 남자와 대등하게 일을 하고 돈을 벌 수 있다는 것이다.

> 비록 그동안에 뼈가 아프게 일을 하고 불결한 공장 속에서 고생살이를 해가며 번 돈이, 인제 겨우 그밖에 안 되는가 하면 시쁘기도 하였지만, 그러나 부모의 품 밖을 벗어난 후 처음으로 자기의 뼈품을 들여 번 돈이란 것을 다시 생각해 보면 또한 남모르는 기쁨을 느낄 수도 있는 것 같다. 자기의 어린 삭신과 여자의 연약한 몸으로 번 돈! 그것은 많거나 적거나 문제가 아니다. 돈은 남자들만 벌 줄 알던 세상! 그래서 여자는 남자에게 얻어먹고 살 줄만 알던 처지에서 자기도 남자들 틈에서 어깨를 맞겼고 그들처럼 품팔아 번 돈이 아닌가?[70]

---

[70] 이기영, 앞의 책, 293쪽.

인순은 공장에 들어간 지 여러 달 만에 품삯 십여 원을 받고는 자기가 처음으로 번 돈에 기쁨을 느낀다. 이제까지 돈은 남자들의 세상에 있었고, 여자는 남자에게 얻어먹고 살아야 한다는 관습 때문에 예속된 위치에서 살았지만, 이제 자신은 남자들과 다를 바 없이 품을 팔고 그것에 대한 대가를 받게 된 것이다. 스스로의 생계를 책임질 수 있다는 것에 대한 자각은 인순이 근대적 주체로 발전할 가능성이 있음을 시사한다.

그러나 인순의 돈은 혹심한 노동의 대가였다. 인순은 공장에서 하루에 십여 시간씩, 아침부터 저녁까지 하루 종일 꼬부리고 앉아서 실을 켜야 하는 노동에 시달린다. 그리하여 돈을 위하여 공장에 갔던 인순은 그곳에서의 생활을 통해 세상에 대한 또 하나의 새로운 지식을 터득하게 된다.

> 그러는 대로 사람이 귀하다거나 사람이 사람답게 산다는 것은 한갓 금전만 위해서 사는 데 있지 않은 줄 알았다. 그것은 금전을 사람 이상으로 평가하는 모순이 아닌가? 그래서 그는 얼마 전까지 자기도 이 세상의 많은 가난한 사람과 천대받는 사람들이 가지고 있는 공통된 생각처럼 자기를 하찮게 여기고 자포자기해서 짐승만치도 알지 않던 것을 인제는 자기도 이 넓은 세계의 한 사람으로

서, 사회의 일분자로서 한 사람 구실을 해야겠다는 향상심을 갖게 되었다.[71]

인순이 터득한 것은 이중의 속박에서 벗어나야 한다는 것이다. 이 세상의 가난한 사람과 천대받는 사람들이 금전만을 쫓아간다면 그들은 결코 사람답게 살 수 없을 것이다. 자신을 하찮게 여기고 자포자기해서 짐승보다 못한 삶을 살 수도 있다. 사람 구실을 할 수 있기 위해서 추구해야 하는 것은 무엇인가? 그것은 올케인 '음전'처럼 살지 않고 '옥희'처럼 사는 것이다. 음전이 오빠에게 예속된 상태로 물질만을 추구하며 살아 천박한 세속의 티가 흐르는 반면 옥희는 자신에게 속한 '부(富)'를 버리고 이상을 찾아 공장으로 들어와 예전 여학교 다닐 때와는 달라 보인다. 인순 또한 옥희처럼 물질과 남성의 속박에서 벗어나 세계의 한 사람으로서, 사회의 구성원으로서의 역할을 해야 한다고 생각한다.

방개 또한 여성 서발턴의 또 다른 전형을 보여준다. 방개의 이력은 1930년대 주체화되어 가는 여성 서발턴의 좋은 사례가

[71] 이기영, 앞의 책, 431~432쪽.

된다. 방개는 원초적 본능을 상징하는 육감적인 여자이다. 결혼 이전에는 막동, 인동과 더불어 삼각관계를 이루는 등 이성관계에 있어서는 개방적으로 행동하는 인물이다. 방개는 인동을 사랑했지만 인동이 음전에게 장가간 후 기철에게 시집간다.

기철에게 시집간 후 밥은 굶지 않으나 "밥만 먹구 우커니 있는 것"이 힘들어서 공장엘 들어간다. 방개가 공장 노동자가 된 것은 인순의 경우와는 다르다. 그녀는 처음부터 가정에 대해 근대적 여성들이 갖는 의식을 가지고 있다.

> "시집이라고 가보니 그전 생각 같지 않어서, 아주 한말로 말하면 왼몸을 잔뜩 결박진 것 같애서 도무지 못 살겠다. 내 자유대로 혼자 사는 것이 제일 좋겠어……."
>
> …(중략)…
>
> "재미가 무슨 재미여요. 그것도 다 넉넉한 집안 말이지. 가난한 살림을 하랴거든 차라리 혼자 사는 것이 낫겠어요. 그래서 저는 이렇게 생각하는데요. 저-타국 사람들처럼 버젓하게 한 번 살지 못하겠거든 시집이나 장가도 들지 말고 그저 혼자 사는 게 좋겠다고요."[72]

[72] 이기영, 앞의 책, 437쪽.

방개는 결혼 생활을 '온 몸을 결박'한 것 같다고 생각한다. 그녀에게 전근대적 결혼생활은 단순히 '속박'을 의미하며, 서양 사람들처럼 살지 못한다면 결혼하지 않고 혼자 사는 것이 좋다고 생각한다. 그러므로 방개 또한 식민지 농촌의 어려운 가정에서 결혼 생활을 하였지만 가정의 생계를 위해 공장으로 간 것이라고는 할 수 없다. 방개는 비록 집에서 공장으로 출퇴근하였지만 이도 당시 여성 해방론자들의 '가출'과 유사하다. 방개는 가부장적인 억압으로부터 벗어나기 위하여 공장으로 일을 하러 간 것이다.

방개는 제사공장에 취직한 후 공동생활을 통해 계급에 대해 자각한다. 육감적이고 성적 생활을 즐기던 방개의 변화는 2단계를 거친다. 우선 사랑하는 사람과의 이별 이후 결혼을 통해 방개는 남편에게 예속된 상태에 놓인다. 성문제에 있어서는 자유분방하고 주체적이었지만 결혼을 통해 종속 관계를 갖게 된 방개는 이후 인동에게 자신의 변함없는 사랑을 고백하고 함께 도망갈 것을 부탁하지만 인동은 가정에 대한 책임 때문에 이를 거절한다. 당시 풍습에 따라 결혼으로 시작되는 남성과 여성의 지배와 종속의 관계를 방개는 '사랑'을 매개로 탈식민을 시도하나 실패한다.

방개가 또 한 번 변화를 시도한 것은 공장에 취직한 것이다. 방개는 인순에게 부탁해 공장에 들어가게 된다. 많은 노동력을 필요로 하는 근대적 공장은 방개와 같은 기혼 여성도 채용하여, 방개는 제도적 가정이라는 울타리를 벗어나게 된 것이다. 그러나 방개의 탈영토는 방개로 하여금 새로운 '지배 - 종속'의 관계가 지배하는 자본의 제국 속으로 들어가게 하였다. 공장에서의 방개의 변화는 상술되지 않아 구체적으로 알 수 없으나, 방개가 의식화되었음은 원터마을에서 소작쟁의가 일어났을 때, 이를 돕기 위해 결혼반지를 팔아 투쟁 유지 자금을 대는 것으로 유추할 수 있다. 이는 이중의 의미를 갖는데, 결혼이라는 예속 상태를 한 번 더 벗어던지는 외적 행동일 뿐 아니라 '지주 - 소작인', '자본 - 노동'의 투쟁에 연대하겠다는 상징이다.

3. 서발터의 저항

《고향》에 나타난 서발턴 저항 양상을 구하의 저서 『서발턴과 봉기 - 식민 인도에서의 농민 봉기의 기초적 측면들』[73]에 나오는 서발턴 봉기의 특성을 중심으로 살펴보겠다. 구하에 의하면 서발턴 봉기는 '부정 - 모호성 - 양상 - 연대 - 전파 - 영토성'의 패러다임을 지닌다. 구하는 서발턴의 봉기 양상을 식민 인도에서의 농민 봉기들을 중심으로 일반화시키고 있지만, 이는 도시 노동자들의 노동파업에도 적용 가능하다. 서발턴이라는 개념이 헤게모니가 없는 농민들뿐 아니라 프롤레타리아, 도시 노동자들을 포함하는 개념이므로 두 운동 모두 적용 가능하다.

《고향》에는 두 공간이 설정되어 있다. 이는 원터마을이라는 전통적 공간과 읍내라는 도시 공간이다. 두 공간은 모두 근대화 과정을 거치며 계급의 재편 과정이 이루어지는데, 이는 지배와 피지배, 중심과 주변으로 이원화될 수 있다. 그리고 지배와 중심의 자리에는 일본 제국주의와 자본이, 피지배와 주변의 자리에는 조선의 노동과 농촌이 위치한다. 그리고 이 두 공간에는 모두 서발턴의 저항이 있는데 원터마을에는 소작쟁의가, 제사공장에는 노동쟁의가 일어난다. 원터마을의 소작쟁의는 텍스트에 자세히 상술되어 있으나 제사공장의 노동쟁의는 쟁의 과정 자체가 상술되어 있지는 않다. 제사공장은 제사공장 내의 파업보다는 근대적 자본에 의해 노동이 예속화되어 가는

[73] 라나지트 구하 지음·김택현 옮김, 앞의 책.

과정, 이 가운데서 여성 서발턴이 근대적 주체로 형성되어 가는 과정 등을 중점적으로 다루고 있다.

이는 작품이 발표될 당시의 상황과도 무관하지 않다. 이기영은《고향》을 1933년 11월 15일부터 1934년 9월 21일까지 『조선일보』에 연재한다. 1934년 여름에 카프 제2차 검거사건으로 체포되어 마지막 부분을 추고(推考)도 하지 못한 채 신문에 게재하게 되는데 이 과정에서 원터마을 농민들의 소자쟁의를 지원하는 제사공장 노동자들의 파업 장면은 적지 않게 삭제 당하게 된다.[74] 그러므로 제사공장의 노동쟁의가 원터마을의 소작쟁의에 비해서 간략화 되었을 것이다.

소작쟁의를 결말짓는 텍스트의 마지막 부분은 '텍스트 대필'이 의심되는 부분이다. 김팔봉(카프의 맹원, 김기진이 해방 후 사용한 이름)은 회고에서 뒤끝 40여회 가량을 자신이 썼다고 말한다. 1934년 5월부터 카프 제2차 검거가 시작되고 있을 무렵 이기영이 김팔봉을 찾아와 자기가 잡혀 가거든《고향》을 계속 써서 완성시켜 달라고 했다는 것이다.[75] 그리고 이기영이 붙잡혀 전라북도로 압송되자 이기영의 처남이 김팔봉이 입원

[74] 조남현, 「《고향》의 창작 과정과 의미」, 『이기영』, 한길사, 2008년, 91쪽.
[75] 김팔봉, 「편편야화」, 『동아일보』, 1974. 5. 17.~7. 5.

해 있던 대학병원으로 찾아와 하루에 2, 3회씩 40여 회를 더 써서 조선일보에 가져다주었다는 것이다.[76]

조남현은 그의 저서 『이기영』[77]에서 이에 대해 긍정하지 않는다. 이기영의 회고에 의하면 이기영은 《고향》을 탈고해서 상경한 것으로 되어 있기 때문이다.[78] 이기영은 탈고한 소설 《고향》을 『조선일보』 편집국장에게 가지고 갔고 며칠 뒤에 연재가 결정되었다는 통보를 받았다. 그러므로 김팔봉이 대필했다고 주장하는 부분은 이기영의 체포 이후에 신문에 연재될 원고를 다듬어 준 것을 말하는 것일 수도 있다는 것이다. 또한 《고향》은 신문 연재본이 원작이나 그 후 한성도서에서 1936년 10월에 상권을, 1937년 1월에 하권을 간행하였다. 그리고 해방 후인 1947년에 아문각에서 다시 간행하였으며, 월북 후에도 북에서 1955년 조선작가동맹출판사에 의해 간행되었다. 그러나 이기영은 어디에서도 김팔봉의 대필을 말하지 않았다.[79]

그러나 이상경은 『이기영, 시대와 문학』에서 《고향》의 훼손과 수정에 대하여 다른 의견을 제시한다. 그에 의하면 김팔봉

[76] 김팔봉, 「나의 카프문학시대」, 『대한일보』, 1969. 6. 17.
[77] 조남현, 앞의 책.
[78] 이기영, 「작가의 학교는 생활이다」, 『문학신문』, 1962. 8. 21~28.
[79] 조남현, 앞의 책, 87~92쪽.

의 대필은 초고의 수정 차원을 넘는 것이다. 이는 김팔봉의 회고에 근거를 두는 것으로 김팔봉은 1956년[80], 1969년[81], 1974[82]년의 회고에서 거듭 자신이 《고향》의 마지막 부분을 대필했다고 말한다. 회고의 내용에 따르면 김팔봉의 대필이 마지막 추고 정도가 아니라고 짐작된다.

민촌의 후손 이성렬도 『민촌 이기영 평전』[83]에서 《고향》의 마지막 부분은 김팔봉이 대필한 것으로 논한다. 《고향》의 초고는 완결되지 못한 미완의 원고였다. 초고 분량이 '약 2000여 매'라고 말한데 비하여, 실제 《고향》의 완결분은 연재 중에 삭제당한 부분이 적지 않았음에도 불구하고 2,500매를 넘기 때문이다. 대필 가능성은 《고향》의 종반부와 전반부의 문체, 철자법, 띄어쓰기, 글의 속도감의 차이 등에서도 알 수 있다. 이로 본다면 《고향》의 끝부분은 김팔봉의 주장대로 대필한 것으로 생각된다. 그러나 민촌은 해방 공간에서 출판한 소설에서 뿐 아니라 북한에서 출판한 《고향》에서까지 이를 밝히지 않고 은폐하

[80] 김팔봉, 「한국문단 측면사」, 『사상계』, 1956. 12.
[81] 김팔봉, 앞의 글(1969년).
[82] 김팔봉, 앞의 글(1974년).
[83] 이성렬, 『민촌 이기영 평전』, 살림터, 2019년.

였다는 것이다. 대필한 분량은 김팔봉의 주장과는 조금 다르다. 김팔봉은 1956년의 회고에서는 '35,6'회분을 썼다고 했으며, 1974년의 회고에서는 40여회 분을 썼다고 하였다. 36회분을 대필했다면, 36회분의 시작은 '34. 경호'편의 '이 바람에 경호는 오랫동안 참고 있던 분한 생각이~'로 시작되는 1934년 8월 8일자 연재분(217회)이 될 것이다. 40여 회분을 대필했다면 이는 전체의 약 1/6에 해당하며 '33. 재봉춘' 혹은 그 이전부터가 될 것이다. 이성렬은 김팔봉의 기억에 문제가 있다고 논한다. '9월 하순경'[84]에 민촌이 잡혀 갔다고 했는데 그가 조사한 바에 의하면 민촌의 검거시점은 그해 8월 25일[85]이다. 8월 25일에 잡혀 갔다면 대필은 8월 26일 이후의 20여회 분이라는 것이다.[86]

논자는 텍스트 《고향》의 마지막 부분이 대필이라면 – 이 논의는 자료조사 이외에도 《고향》의 후반부를 앞부분과 비교하여 고찰하는 것이 필요할 듯하다 - 결말 부분에서 텍스트의 완성도를 떨어뜨리는 소작쟁의의 결말과 노농동맹의 실력행사의 결여를 이해할 수 있을 것도 같다. 김팔봉이 대필하였다면,

[84] 김팔봉, 앞의 글, 1956년, 202쪽.
[85] 『조선일보』, 1934년. 8. 26.
[86] 이성렬, 앞의 책, 414~418쪽.

마지막 부분을 작가의 의도를 정확하게 반영하지 못하고 다르게 결론지었을 수도 있다. 김팔봉에 의하면 이기영은 "신문에 연재된 부분을 날더러 전부 읽어보고서 사건과 인물을 내 맘대로 처리해 달라고 부탁"[87] 했다고 한다. 김팔봉의 회고를 전적으로 받아들일 수 없다하더라도 우리가 소설 《고향》의 미진한 부분을 논할 때 이 같은 점을 의심해보아야 할 것이다.

그러므로 본 연구에서는 노동쟁의 과정이 미흡하게 나타나 있는 대로 분석의 대상으로 삼고자 한다.

3.1. 원터마을의 소작쟁의

3.1.1 부정의 대상

서발턴 봉기는 우선 서발턴이 자기 상급자들의 속성과 특성을 부정하는 것에서 시작한다. 서발턴들은 지배계층에 저항하는 과정에서 충성과 헌신 대신 부정을 함으로써 자신을 인식하는 것을 배운다. 《고향》에서 부정의 대상은 마름 안승학이다. 안승학은 마름이지만 부재지주 민대감 밑에서 일하는 탓에 원터마을 소작인들에게 전권을 휘두르는 인물이다. 그는 군청에

[87] 김팔봉, 알의 글, 1969년.

서 배운 측량술을 이용해 이전 마름을 내쫓고 그 자리를 차지하게 된다. 결국 그의 권력은 일본 자본주의와 공모하여 얻은 것으로 그는 내부 식민주의자로 자리하게 된다.

그러므로 그는 이듬해 봄에 새로 설립된 사립학교에서도 자기가 선등으로 입학을 하였다. 말로는 학생이라 하지마는 춘추가 근 사십이나 되는 아들 손자를 거느린 사람도 있었고 쇠뿔만 점잖게 쓰고 온 사람도 있었고 초립동이 상투 꼬부랑이 또는 머리를 따늘인 총각 대방도 있었다.

그때 안승학은 모친의 상중이라 북포 망건에 방립을 쓰고 다녔다.

이러한 십인십색의 학생들이 쭉 둘러앉아서

"あなたは どなたですか?"

(당신은 뉘 댁이십니까?)

"わたくしは りしよぼらです"

(나는 이서방(李書房)이올시다.)

하는 일본말을 한문 서당에서 논어 맹자 읽듯 하고 있었다.

안승학은 이태 만에 이 학교를 졸업하고 나서 그는 바

로 군청으로 들어갔다.[88]

조선을 식민화한 일본은 본국어를 '내지어'라 칭하고 이를 보급하기 위한 학교를 세웠다. 그리고 이를 통해 양성된 조선인을 내부 식민주체로 만들고 공권력의 상징이라 할 수 있는 관청에서 일하게 했으며 측량 등과 같은 근대문물을 사용해 조선인들의 토지를 수탈하게 하였다. 안승학 또한 군청 재무계에서 일하며 민판서 집의 지적도를 변작하여 복사한 후 민판서에게 수해의 원인을 마름에게로 돌렸다. 마름이 자신이 짓는 논을 늘리고자 둑을 내안으로 쌓았기 때문에 지적도가 변하였다고 거짓말하여 민판서가 마름을 자신으로 바꾸게 만들었다. 그는 마름이 된 후 소작인을 노예 상태로 살 수밖에 없도록 착취하는데, 착취의 정점을 보여주는 것이 수재로 인한 흉년 때이다. 소작인들은 안승학에게 찾아가 수재로 인하여 수확물이 없으므로 소작료를 면제해줄 것을 요구했으나 안승학은 민대감이 보낸 타작관이 작인들을 동정해 작인들이 억울하지 않도록 잘해주라고 말하는 것조차 거부한다. 그들의 요구를 들어주면

[88] 이기영, 앞의 책, 111~112쪽.

'나쁜 전례'를 남기는 것이 된다는 것이다.

> 안승학! 그것은 얼마나 증오에 가득 찬 이름이냐? 그는 아귀였다.
>
> 그 한 사람으로 말미암아 원터 일경과 상리 부근의 백여 호 작인의 수백 명 식솔들이 지금 생사지경에 방황하고 있지 않으냐?
>
> 상담에 때리는 시어미보다도 말리는 시누이가 더 밉다는 격으로 안승학은 지주보다 더 미웠다.[89]

희준에게 안승학은 악귀와 다름없어 보인다. 그로 인하여 원터마을 사람들과 상리 부근의 수백 명 식솔들이 생사지경을 헤매고 있기 때문이다. 안승학은 희준 등의 요구를 거절했을 뿐 아니라 마을 사람들 간의 이간을 조장했다. 타작논은 세를 감할 수 없고 도조논만 적당히 감해 준다는 대답은 마을 사람들에게 아무런 이득이 되지 않는 것이었다. 원터 마을 사람들 대부분은 타작이고 도조논은 얼마 되지 않기 때문이었다. 그리고 도조논을 짓는 사람들은 희준, 원칠, 덕칠이처럼 마을에서

[89] 이기영, 앞의 책, 546쪽.

그나마 세력 있는 사람들이었다. 인승학의 의도는 작인들에게는 헛생색을 내면서 작인들 간의 불화를 조장하고, 지주에게는 잘 보이려는 속셈이었다.

3.1.2. 범죄와 봉기의 모호성

서발턴 봉기는 범죄와의 경계가 모호한 특징을 지닌다. 서발턴 봉기는 범죄로서 취급되기 쉬우나 결국 반란에 해당된다. 왜냐하면 서발턴 봉기의 기저에는 기아와 가난이 자리하고, 이로 인한 범죄는 반란으로 발전하는 것이기 때문이다.

《고향》의 시간적 배경은 김희준이 귀향한 후의 2년간의 시간으로, 2년은 '소작인들의 삶의 시간'이라는 상징적 의미를 갖는다. 작가는 사건이 일어나는 2년간의 기간에 풍년과 흉년을 함께 넣고 이 시간들 모두 궁핍의 시간으로 묘사함으로써 소작인들의 빈궁은 항상 존재하는 것으로 설정한다.

> 재강은 나기가 무섭게 번쩍번쩍 팔렸다. 그래서 그전에는 그저 내버리듯 하던 재강은 훌륭한 상품이 된 것이다. 어떻든지 부근 촌락의 가난한 소작농은 더구나 춘궁에는 먹을 것이 없어서 초근목피로 겨우 연명을 하는데 이 고

> 장과 같은 야산에는 풋나물도 흔치 않아서 그것도 먼 산 나물을 가지 않으면 안 되었다. 그래서 다급하면 거름하려고 면에서 얻어 온 콩깻묵으로 죽을 쑤어 먹기도 하는데(비료를 사람의 뱃속에다 하는 셈인가?) 거기다 비교하면 이 재강이야말로 훌륭한 고등 요리가 아닌가? 이에 그들은 너도 나도 하고 재강이 났다는 소문을 듣는 대로 양조소 문 앞에 운집하는 터이었다. 그러나 양조소 주인은 마치 거저나 주는 것처럼 지금도 호기를 피우고 그들을 호령하였다.[90]

장터 양생 양조소 문 앞 광장에는 매일 남녀노소 군중 몇 겹이 빈 그릇을 들고 술지게미를 기다리고 있다. 누루퉁퉁한 얼굴에 초라한 의복으로 간신히 몸을 가리고 있는 그들은 먹을 것이 전혀 없어 술지게미를 사러 온 것이다. 춘궁이 되면, 내버리던 재강이 훌륭한 상품이 되어 서발턴들은 이를 사기 위해 양조소 문 앞에 문전성시를 이룬다.

양조소 문앞에서 술지게미를 기다리는 서발턴들과 양조소 주인은 대조적이다. 양조소는 면장을 하던 김도원이 운영하는

---

[90] 이기영, 앞의 책, 85쪽.

것으로 그는 권고사직 당한 후 수천 원을 들여 양조소를 시작했고 서울까지 판로를 뚫었다. 그는 내다버리거나 가축용으로 팔던 술지게미를 가난한 사람들에게 내놓으면서도 위압적 태도를 취한다.

양조소 주인은 안승학처럼 일본 근대화의 상징이다. 일본 상점들은 정거장 좌우로 구분되어 높이 서 있고 기아에 허득이는 마을 사람들은 철둑 너머에 있는 상점들을 건너다보며 술지게미를 사러 다닌다. 식민주의자들과 식민지인들의 대조이다. 그리고 내부식민주체가 된 양조소 주인은 권력과 자본의 노예가 되어 동포들에게 재강조차 시혜적 태도로 판다.

춘궁을 넘긴 마을 사람들에게 닥친 수해는 생존에 필요한 소작료 감면을 위해 마름과 싸우게 만든다. 그리고 이것이 불발로 돌아가자 결국 '벼 베지 않기' 투쟁을 한다. 서발턴들은 빈궁이 극에 달할 때 외부의 폭력에 저항할 수밖에 없었던 것이다. 그러므로 이들의 소작쟁의는 결국 생존을 위한 저항으로 '사회적 산적질'에 해당된다. 농민들은 전투적이고 집단적인 행위를 통해 자신들의 처지를 개선할 수 있다는 의식을 갖기 시작하는데, 이는 이들이 자신들의 정체성을 대자적 계급으로 인식하기 시작한 것을 의미한다.

서발턴 저항은 일반적인 범죄의 태반에서 분리되며, 공적이고 집단적이고 전면적인 양상을 지닌 폭력으로서의 정체성을 확립한다. 가을의 추수건이 파업으로 진행된 원터마을의 소작쟁의는 흉년이므로 소작료를 면제해달라는 소작인들의 요구가 관철될 때까지 곡식을 수확하지 않는 것으로 계속된다. 원터마을 주민들의 요구는 일반적인 범죄라기보다는 공개적이고 공적인 특징을 지니는 반란이라 할 수 있다.

3.1.3. 봉기의 양상

봉기는 일반적인 범죄의 태반에서 분리되며, 공적이고 집단적이고 전면적인 양상을 띤다. 봉기는 일반적으로 상의, 계획, 집회, 공격의 순서대로 진행된다. 상의는 불만들을 정식화하고 행동방향을 결정하고, 계획은 이어질 봉기를 준비한다. 그리고 실제 폭력이 발생하기 전에는 현지인들의 광범위한 집회가 있는데, 이는 당국에 의해 흔히 불법적인 것으로 간주된다. 공동체축제와 협동노동현장은 집회의 기능을 한다. 농민봉기에서 서발턴들의 투쟁 방법은 '때려부수기, 불지르기, 먹기, 빼앗기' 등이다.[91]

소작쟁의의 양상은 '상의 - 계획 - 집회 - 공격'의 단계를 거친다. 원터마을 사람들은 수재 후 마을 회관에 모여서 조첨지, 김선달, 원칠이, 덕칠이 등이 안승학을 찾아가 소작료를 면제해 달라고 교섭할 것을 상의한다. 그러나 안승학이 지주에게 의논도 하지 않고 타작 논은 소작료를 그대로 하기로 하고 도조 논만 세를 감해 준다고 하자 김선달 외 몇 사람이 지주와 담판하기 위해 서울로 올라갈 것을 계획한다. 타작관이 내려와 작인들을 배려하려는 것을 안승학이 막자 '벼 베지 않기'로 집회에서 결의하고 행동에 옮긴다. 김희준과 인동, 김선달은 안승학을 찾아가 소작료 면제를 결말지으려 하나 여의치 않자 옥희 문제를 꺼내 안승학으로부터 승낙을 받아낸다.

원터마을의 소작쟁의는 투쟁형식에서 다른 농민봉기보다 유화적이다. 원터마을의 소작쟁의에는 다른 소작쟁의에서 일반적으로 보이는 '때려부수기, 불지르기, 먹기, 빼앗기' 가 아니라 '협박, 먹기·빼앗기' 등이 보인다. 서발턴 봉기에서 '때려부수기'는 적의 권위의 상징들에 대한 파괴를 의미한다. '불지르기'는 파괴의 주요도구로 사용되어 봉기 참가 서발턴들은 주로 행정관청과 식민자들과 지주들의 집을 불태웠다. 그러나 《고

---

[91] 라니즈트 구하 지음·김택현 옮김, 앞의 책, 173쪽.
김희숙, 앞의 책, 2017년, 138~141쪽.

향》의 소작쟁의에는 '때려부수기'와 '불지르기'가 보이지 않는다. 농민들은 소작료 면제를 위해 마름 안승학의 집, 관공서 등을 때려부수거나 불지르는 대신 안승학을 위협한다.

"올 같은 수해이기에 도지를 탕감하여 달라는 것인데 서울 있는 지주 영감은 반대하지도 않는 것을 사음 보시는 어르신네가 맘대로 지주보다 더 욕심꾸러기 짓을 하려고 하니 말이 됩니까……일찍이 문제를 해결해주지 않는다면 댁에서는 아무리 이 동네서 행세를 하고 싶어도 딸을 팔어가지고 위자료 오천 원을 받어먹으려고 하다가 코가 납작해지구, 게다가 그 딸의 정조를 유린한 청년이라는 것이 중놈에게 끌리어다니던 여자의 몸에서 애비가 누군지도 잘 알 수 없게 생긴 사람이라면! …… 만일 이 사실을 동리 사람들이 안다면 얼마나 조롱거리가 되겠습니까 …… 그뿐인가요, 지금……"[92]

희준은 마을 사람들과 함께 안승학을 찾아가 안승학의 약점을 가지고 안승학을 위협한다. 이는 물론 당사자인 안승학의 딸 갑숙의 권유로 한 것이었지만 희준이 정당하지 못하다고 생

[92] 이기영, 앞의 책, 575쪽.

각하는 방법이다. 희준은 갑숙이 경호에게 정조를 유린당했으며, 경호는 애비가 누군지도 잘 모르는 자이고, 안승학은 갑숙을 빌미로 경호의 양부 권상철에게 위자료 오천 원을 받아먹으려고 했다는 사실을 마을 사람들에게 알려 안승학이 조롱거리가 되게 하겠다고 협박한다. 신기술을 배웠고 예전 마름과 달리 부재지부 밑에서 부를 축적해 신흥부자가 되어 이전의 양반 못지않게 행세하려던 안승학에게는 희준의 말이 자신의 전도(前道)를 막는 장애물처럼 들렸다. 그리하여 '소문'을 내지 않겠다는 각서를 한다면 소작인들의 요구를 들어주겠다고 항복한다.

마을 사람들이 안승학에게 요구 사항을 수락하게 한 것은 일종의 '먹기·빼앗기'라고 할 수 있다. 서발턴 봉기에서 '먹기'는 전복의 도구로, 봉기 참가에 대한 보상으로 활용한 것이고, '빼앗기'는 서발턴을 수탈하는 지배계층의 집과 가게와 곡물 창고들을 약탈하는 것을 말한다. 원터마을에서의 소작쟁의에서는 마름 안승학의 집을 약탈하거나 약탈물을 나누는 행위는 보이지 않으나, 소작료를 면제받은 것은 '먹기·빼앗기'와 유사한 결과를 가져온 것으로 해석할 수 있겠다.

《고향》에서 소작쟁의의 양상이 과격화되지 않고, 비정상적인 방법을 사용하고 있는 것은 카프의 해산과 함께 계급주의가 결정적인 타격을 입었기 때문이라고 할 수 있다. 1931년 신간회 해산으로 시작된 일제의 정치적 탄압과 사상적 통제는 사회운동 모두의 탄압으로 이어졌다. 이기영은 1931년 카프 제1차 사건으로 검거되어 2개월 후에 불기소 처분되었고, 1934년 신건설 사건으로 카프 제2차 검거가 있을 때 체포되었다. 그가 조선일보에 《고향》을 연재하기 시작한 것은 1933년 11월부터이고 마지막 부분은 추고되지 못한 채 1934년 여름에 검거되었다. 따라서 작가는 자신의 생존과 결부된 '폭력적 통제기제'[93]에 부딪히게 되고, 이는 일본 제국주의의 억압에 폭력적으로 대항할 용기가 부족했던 것이라 생각된다.

또한 이는 앞에서 언급한 《고향》 마지막 부분의 '대필'과도 관련되었을 수 있다. '37. 고육계'는 김팔봉이 대필한 것으로 추정하기도 하며, 이것이 사실이라면 '서발턴 봉기'에 대한 인식이 이기영과는 달랐을 수도 있고, 이는 다른 양상으로 전개되도록 했을 것이다.

---

[93] 권유, 『민촌 이기영의 작가 세계』, 국학자료원, 2002년, 46쪽.

3.1.4. 봉기의 연대 세력

서발턴 봉기에서 연대는 자신의 행위에 대한 반란자의 의식을 그 행위에 관한 적들의 인식과 완전하고 명료하게 분리시킨다. 《고향》에서의 연대는 원터마을 사람들의 '벼 베지 않기 연대'와 제사공장과 원터마을 사이의 노농 연대를 볼 수 있다. 노농연대는 다음 장에서 살펴보기로 하고 여기에서는 원터마을 사람들의 '벼 베지 않기 연대'와 관련된 연대만 살펴보기로 하겠다.

원터마을 사람들은 소작료를 면제 받기 위해 함께 싸울 것을 결의했다. 이는 지난 이태 동안 두레를 해서 이웃 간의 친목이 두터워졌고, 마을 사람들을 서발턴 의식으로 묶이게 했기 때문이다. 마을 사람들은 불의의 손해를 입은 사람들을 동정했다. 그전 같으면 앞뒷집에서 굶어도 서로 모른 척 하고 아무렇지도 않게 여겼다. 자신들의 절박한 처지 때문에 남을 돌아볼 여유가 없어 인심은 날로 각박해졌다. 그러나 지금은 굶는 사람이 있으면 서로 도와 주려 한다. 두 되만 있어도 서로 꾸어 먹고 한 푼이라도 남을 도우려 한다. 만일 이웃에서 누가 굶어 양식 있는 집으로 꾸러 갔다가 거절당하면 그 집은 고립된다. 그 집과는 대화하지 않고 발을 끊는 것이다.

안승학에 대한 소작인들의 대결의식은 두레를 통해서 표출되어 왔다. "두레는 공동체적 생산 방식이자 농민들의 단결로써 이루어지는 재래풍속의 일종이다."[194] 농민들은 두레를 통하여 지배의 방식에 저항한다. 안승학은 희준이가 찾아와 원터마을 사람들의 두레를 낼 것을 의논하자 승낙하였으나 내심 찬성하지 않았다. 두레를 통해 희준의 세력이 커질 것을 두려워하였기 때문이다.

두레는 탈식민화의 수단이다. 식민지에는 식민 모국과 식민적 문화가 혼합되어 나타나는 경우가 많은데, 이 같은 문화적 혼합주의에 대한 저항이 곧 탈식민주의이다. 이들은 식민지 이전의 자국의 문화예술 가치를 제국의 문화전통과 동등한 것으로 복원시키고자 한다. 두레는 식민지 근대 자본이 유입되어 피폐화되어 가고 있는 농촌현실에서 전통문화를 복원하여 궁핍한 현실에 저항하고자 한다. 풍물놀이 이후 시작되는 품앗이 노동은 마을 주민들이 모두 동참하여 고난을 극복하고자 하는 행위에 해당되며, 이는 마을 사람들이 묵은 갈등을 해소하고 공동체의식을 갖게 한다. 그리고 회복된 공동체의식을 통해

[194] 김선규, 앞의 글, 43쪽.

소작권에 저항할 수 있는 서발턴성이 획득된다.

원터마을 사람들의 '벼 베지 않기' 투쟁은 한때 위기를 맞는다, 희준은 요구 사항이 관철될 때까지 '벼 베지 않기 투쟁'을 벌이고자 하나 마을 사람들의 생계는 곗돈, 두렛돈을 다 쓰고도 해결되지 않는다. 마을 사람들 중 일부는 벼를 베어 먹으려고도 하였지만 희준은 돈을 변통해 와 공평하게 나눈다.

소작쟁의는 반란자만이 아니라 협력자, 밀고자, 배신자들도 배출한다. '연대/배신'의 이율 배반은 서발턴 봉기의 구성요소가 된다. 봉기 참가자들은 이견, 불복종, 노골적인 배반 등을 한결같이 배신으로 취급한다. 또한 무관심, 동요, 관망 등은 적개심이나 다름없는 것으로 간주된다. 즉 봉기는 능동적으로 찬성하지 않는 사람들은 누구나 적으로 분류하는 것이다. 《고향》의 소작쟁의에 나오는 배신자로는 '학삼이'와 '고두머리'[95]를 들 수 있다. '학삼이'는 원터마을의 소작인이지만 안승학의 명령에 의해 배신자 역할을 한다. 그도 처음에는 두레를 내는 것에 찬성했으나 안승학의 지시대로 반대하는 입장에 서며, 마을 사람들에게 의심과 불안을 심어 넣고자 한다. '시작했다가 추

[95] 《고향》에는 고두머리가 2명 나온다. 한 명은 소작쟁의와 관련된 배신자이고, 다른 한명은 제사공장의 노동 쟁의 때 유치장에 갇히는 인물이다.

임새만 무리꾸럭하고 헛수고만 하면 재미없지 않느냐' 등의 말로 마을 사람들을 흔들고자 한다. 희준의 반박으로 물러났지만, 이후 희준이를 몰래 미행하며 그의 움직임을 안승학에게 보고하여 안승학과 '하인과 주인'의 관계를 형성하며, 안승학의 말을 마을 사람들에게 전달하는 대리인 역할을 한다. '고두머리'는 수동적 협력자로 나온다. 수동적 협력은 적에 대한 저항의 거부 또는 반란자들에게 합세하는 것을 거부하는 것을 말한다. 수동적 협력의 통상적 형식은 불복종이었고 이들은 반란자들에게 적이 당하는 것과 같은 방식으로 폭력을 당했다. 희준은 소작쟁의 참가자들이 굶주림으로 벼를 베어 먹을 기세를 하자 청년회 일을 열정적으로 하던 '고두머리'를 찾아간다. 그에게 투쟁 자금을 다소나마 얻기 위해서이다. 그러나 그는 청년회원들과 이 지방에서 새로 퍼진 마작을 하러 다니느라 혼몽한 정신이다. 희준이 '이삼십원'의 변통을 부탁하나 그는 거절한다. 고두머리와 같은 인간은 소시민적 안일한 생활에 만족하고 그날그날의 룸펜 생활을 하며 살아가는 무지몰각한 인간으로 타락한 인간으로 살아간다.

3.1.5. 봉기의 전파

서발턴 봉기의 전파는 돌발성, 동시성. 속도성으로 구성된다. 돌연한 시작과 신속한 돌진으로 화산폭발처럼 자발적·돌발적으로 분출하며 들불처럼 확산된다. 그리고 이는 반란의 영토를 넘어 일제히 총동원이 이루어졌다는 환상을 불러일으킨다.

《고향》에서의 소작쟁의는 두레에 참여했던 마을 주민들 대부분이 동참하는 형태를 띠므로 전파 과정이 분명히 드러나지 않는다. 그러나 이웃마을과의 소작쟁의가 동시에 이루어질 뿐만 아니라 소작쟁의와 노동쟁의가 동시에 이루어지고 각 쟁의에 참여한 주요 구성원들이 원터마을과 이웃하는 읍내에 거주하는 서발턴임을 감안한다면 서발턴 봉기에서 나타나는 전염 혹은 감염이 있음을 짐작할 수 있다.

식민 당국자들에게는 농민봉기의 확산이 전염병의 전염 혹은 감염인 것처럼 보인다. 반란은 적들의 눈에는 하나의 질병처럼 보이는 것이다. 당국자들에게 반란은 제압 불가능한 바이러스가 좀 먹는 육신처럼 인식되었고, 이 같은 바이러스가 농촌에 침투했을 때 식민 당국은 그것을 주인에 대한 농민의 건강한 충성심을 파괴하는, 따라서 주인의 도덕적 권위 체계를 훼손시키는 독약으로 간주했다.

《고향》에서 전파의 도구는 '발화된 언설'이다. 커뮤니케이션이 보잘 것 없고 농촌 지역이 거의 문맹이던 시기에 동원은 북, 뿔피리 등과 같은 청각적 기호, 봉화 등과 같은 시각적 기호, 인편 등이 많이 사용되었다. 그것들은 발화의 대용물로 기능했고, 언어적 상징주의를 통하지 않고 직접 메시지를 해독할 수 있도록 발화로부터 독립적이었다. 그러나 《고향》에서는 마을 사람들의 입에서 시작된 말이 동회에서의 마을 회의로 결의되었고, 이는 마을 전체로 확산되었다.

> 김선달은 이런 판에도 활발한 기상을 보였다.
> "그래도 있는 사람들은 끄떡없지 않나."
> "그야 그렇지요."
> "어떻게 마름 댁에 잘 말해서 소작료를 감하든지 해야지, 무슨 변통을 하든지……."
> "감할게 어디 있어요. 아주 탕감한데도 소출이 없을 터인데요."
> "그럼 그렇구말구."
> 다른 사람들도 여출일구로 김선달의 말에 동의한다.
> 작인들의 관심은 차차 소작료를 중심으로 날이 갈수록 물론이 돌기 시작하였다.[96]

소작쟁의의 시작은 수재 때문에 집을 보수하는 원칠이네 집 마당에 모인 사람들이 한탄스럽게 소작료 탕감을 내뱉는 데서 자연발생적으로 일어났다. 김선달의 입에서 나온 '소작료 탕감'이란 말은 다른 사람들의 동의를 가져왔다. 그리고 작인들 사이에는 소작료 문제가 '물론(物論)'이 되었다.

작인들의 '물론'은 동회에서 토의 후 '소작료 면제' 건으로 결의되고 이는 권위를 갖게 되었다. 그러나 이 권위는 문서화되지 않고 조 첨지, 김 선달, 원칠이, 덕칠이 등 나이 많은 사람들이 중심이 되어 안승학에게 교섭을 가기로 하였다. 이들은 안승학에게 말로 요청하였으나 이는 수락되지 않았다. 결국 요구를 수락해줄 때까지 마을 사람들은 '벼 베지 않기 투쟁'을 실행하고 이는 또다시 말로 전파되었다.

3.1.6. 봉기의 영토성과 영토적 유대

봉기의 영토성은 봉기가 얼마나 멀리 확산될 수 있는가와 관계되는 문제이다. 대개 서발턴 봉기는 지역적 경계를 넘지 못하는 경우가 많다. 이는 농민 봉기의 한계 요인으로 작용하며

---

[96] 이기영, 앞의 책, 469쪽.

혈연성과 인접성으로 구성된다. 영토성의 개념을 사용할 때, 혈연에 의한 결합과 지역적 유대에 의한 결합은 흔히 얽혀 있는 경우가 많다.

원터마을은 기원을 서로 잘 아는 이웃들이 모여 사는 전통 공간이다. 원터마을은 예전부터 농시짓는 곳이었다. 조첨지는 70년을, 원칠이는 40년을 지었다. 대개는 그들이 살아온 햇수만큼 한 해도 거르지 않고 농사를 지었고, 농사는 곧 그들의 생활이었다. 낫과 지게와 호미는 아버지에게서 아들로, 아들에게서 손자로 대를 물려 내려왔다. 그리고 마을 사람들은 원거인(原居人)이 많고 이들은 봉건사회가 근대화되어 오는 동안도 함께 거주했다. 사람들은 예전이나 지금이나 땅을 파고 있지만 시대가 바뀌었다. 양반들은 몰락하고 '돈'이 곧 권력을 행사하였다. 조첨지는 품값 삼십 전에도 읍내 장사치 권상철의 집에 둑막이 품팔이를 갔다. 소작쟁의는 이와 같이 오랫동안 함께 살아온 이웃들이 영토성의 토대가 되었다. 이들은 혈연적으로 가깝고 같은 지역에서 살아온 인물들이었다.

새로운 지배 계층은 '자본'일 뿐 아니라 제방 공사, 철도 부설, 제사 공장 등을 가져온 일본 제국주의이기도 하다. 일본 제국주의하의 삶을 상징하는 다음 구절이 있다.

그런데 이게 웬일일까? ….

모를 키워서 벼를 영글게 하면 - 그놈은 마치 천길 나무 위에서 길들여서 길러 낸 새끼 새가 어미를 버리고 공중으로 후루루 날아다니듯이 하룻밤 사이에 없어지고 말았다. 그러면 그들은 마치 어미 새의 자웅이 새끼 새를 부르며 지저귀듯이 허공을 쳐다보며 탄식하였다. 그리고 그 이듬해 봄이 돌아오면 그들은 다시 작년의 하던 일을 되풀이하지 않는가?

……마치 그 어미 새가 또다시 알을 까고 새끼를 치듯이…….

대체 이것은 무슨 까닭인가?[97]

쌀은 영글기가 무섭게 농민들에게 돌아가지 않고 사라진다. 일본 제국주의는 1910년대의 토지조사사업, 1920년대의 산미증식계획, 1930년대의 농촌진흥운동 등으로 식민지 농촌의 수탈을 점점 강화시켜 '쌀'을 일본으로 가져갔고, 식민지 조선은 식량난으로 허덕였다. 이는 공들여서 길러낸 새끼가 어미를 버리고 공중으로 날아가는 것과 같았다. 그리고 이 일은 해마다 반복되었다.

[97] 이기영, 앞의 책, 171~172쪽.

원터마을 사람들은 양반 계층이 몰락하고 새로운 지배 계급이 권력을 잡고 있는 지금을 '나쁜 현재'라 생각한다. 그리고 오히려 이 같은 '나쁜 현재'를 부정함으로써 '좋은 과거' 시간을 유토피아라 상정한다.

—나무갓을 베고 나서 추수를 앞두고 잠시 일손을 쉴 동안에 젊은이들은 그들을 따라와서 장난치고 농담을 붙였다. 넓은 들판 안에 벼이삭은 황금빛으로 익어 가는데 그들은 유쾌하게 청추(淸秋)의 하룻날을 보내었다. 남자들은 상수리를 털어주고 누가 많이 줍나 '저르미'를 하였다. 그것으로 묵을 쑤고 떡을 해서 그들은 서로 돋워주며 먹었다. 그때는 그들에게도 생활이 있었다. 그들의 생활에는 시(詩)가 있었다.[98]

서발턴들은 과거의 시간을 생활이 있고 시(詩)가 있는 시간으로 생각한다. 그러나 꿈과 같은 과거의 시간들은 일본의 근대문물과 더불어 사라지고 남은 것이라고는 쉴 새 없는 노동과 가난이 있을 뿐이다. 서발턴은 그들이 이전에 소유했던 것을

[98] 이기영, 앞의 책, 169~170쪽.

식민 당국과 지배 계급에 의해 약탈당했다. 자연경제는 화폐경제로, 곧 공업과 상업으로 대체되었고 그들의 자유와 자급자족은 지주와 마름의 착취로 대체되었다. 그러므로 그들은 공동체 단위로 생각하고 행동하였던 과거를 지향하였다.

3.2. 제사공장의 노동쟁의

3.2.1. 부정의 대상

제사공장에서 부정의 대상은 사장과 공장 감독, 나아가 일본의 자본주의적 근대 규율이다. 이들은 근대적 메커니즘에 따라 공장 노동자를 피지배의 위치에 놓고 소외시키며 비인간화한다. 공장은 자본이 노동을 끊임없이 예속화하는 공간이며, 일본 자본주의의 근대적 규율이 강제적 동일화를 이루는 곳이다.[99]

그날 낮에 인성이는 학교에서 점심시간에 누이를 찾아갔다.

뛰 - 부는 소리를 듣고 바로 뛰어갔기 때문에 그는 쉬

[99] 김선규, 앞의 글, 47쪽.

> 는 시간에 면회를 할 수 있었다. 응접실에는 '한인물입'(역 : 일없는 사람은 들어오지 말라)이니 '면회 시간은 오 분 이상을 불허함'이니 또는 '작업 중에는 직공 면회 사절'이니 하는 엄중한 게시(揭示)를 써 붙였다. 그런가 하면 좌우의 벽 위로는 '성실근면'이니 '수신정기(修身正己)'니 하는 액면이 붙어 있다.
>
> 인순이는 점심을 먹다가 붙들려 나왔는지 입아귀를 연신 다시며 규-지(역:사환)를 따라나온다.[100]
>
> * 역 : 논자

노동자들은 하루 십여 시간씩 붙박이 노동을 한다. 공장에서의 노동은 농촌의 기아와 다를 바 없이 신체를 혹사한다. 뿐 아니라 경쟁을 강요하여 경쟁에서 지면 월급을 적게 준다. 노동자들의 고통은 장시간의 노동 때문인 경우가 많다. 오늘날과 같은 노동 복지는 전혀 없다. 그들은 '성실근면', '수신정기' 등과 같은 미화된 구호에 내몰리며 기계와 같이 끊임없이 노동만을 강요당할 뿐이다. 노동자들은 최소한 가족 간의 면회도 마음대로 할 수 없다. 면회 시간은 오 분이고 작업 중에는 면회마

---

[100] 이기영, 앞의 책, 473쪽.

저 되지 않는다.

이 같은 공장은 노동자들에게는 생계를 위한 일터라기보다 몸을 혹사시켜 살아남아야 하는, 자신이 매일 죽어가는 공간이다. 제사공장에서 일하는 인순은 집에 다니러 왔다가 읍내 뒷산에서 공장의 굴뚝을 보고 '무서움'을 느낀다. 내일 다시 무서운 노동을 낮과 밤으로 계속하는 공장 속을 들어가야 하기 때문이다. 당시 유행하던 '여공의 노래'는 노동자들의 삶을 반영하는 거울과 같다.

> 베 짜고 실 켜는 여직공들아
> 너희들 청춘이 아깝고나
> 일년은 열두 달 삼백은 예순 날
> 누구를 위하는 길쌈이더냐? ……
> ……………………
> 어머니 아버지 날 보고 싶거든
> 인조견 왜삼팔 날 대신 보소!
> ……………………
> 공장의 굴뚝엔 연기만 솟고
> 이내의 가슴엔 한만 쌓이네? ……|101|

그들은 그곳에서 일 년 열두 달 삼백 예순 날 길쌈하여 '인조견'과 '왜삼팔'을 짜낸다. 노동의 가치는 상품의 가치로 환산되지만 그들에게 주어지는 노동의 대가는 턱없이 적다. 그리고 그들이 생산한 '인조견'과 '왜삼팔'은 일본의 식민지 상품으로서 민족모순을 상징하는 역할도 한다. 식민지 자원을 수탈해가는 그들은 식민지를 상품시장으로 만드는 것이다.

직공이나 감독에게 노동자는 자신들의 노예와 다름없다. 사원들은 어떤 상황에서라도 월급과 주주 배당을 보장해주지만 노동자들은 필요에 따라 '밥'만 주고 일을 주지 않을 수도 있다. 그들은 노동의 대가로 보장한 '밥'에마저 시혜적 태도를 취한다. 그리고 노동자가 이에 대해 불평하면 '해고' 한다. 감독이나 직공장은 불평하는 노동자를 해고하지 않으면 원망이 다른 노동자에게 감염되고, 불평이 만연될 수도 있다고 생각하기 때문이다.

직공이나 감독은 노동자의 불평을 배은망덕이라 말한다. 불합리한 노동 환경에 대한 저항을 시혜 받는 자가 시혜하는 자에게 은혜를 원수로 갚는 행위라는 것이다. 관리자들은 노동자

[101] 이기영, 앞의 책, 122쪽.

들이 좋은 집 - 공장 기숙사 - 에 와서 옷 걱정 없이 밥을 먹으며 길쌈을 배우고 거기다 글 - 일본어 - 까지 배울 뿐 아니라 월급까지 모은다고 말한다. 그러므로 그들은 노동자들에게 공장은 곧 낙원이며 서울 유학에 다를 바 없다고 생각한다.

관리자와 노동자 사이에는 공장에 대한 인식이 극과 극으로 다르다. 한쪽은 낙원이라 말하며 한쪽은 날마다 죽어가는 곳이라 말한다. 그리고 경순의 해고가 도화선이 되어 둘 사이에는 충돌이 일어나며, 노동자들은 경순의 복직을 제1 요구 조건으로 하는 노동파업을 일으킨다.

3.2.2. 범죄와 봉기의 모호성

제사공장에서의 노동파업 또한 소작쟁의처럼 초기에는 범죄와 분리되지 않는 모호성을 지닌다. 그러나 이는 노동자들의 파업 동기를 살폈을 때 쉽게 범죄의 태반에서 분리되고 반란으로서의 성격을 지닌다. 인순으로 대표할 수 있는 노동자들 대부분은 "온 식구가 매달려 농사를 지어도 소작료를 제하고 나면 겨우 끼니를 연명"할 수밖에 없는 상황에서 자신들의 끼니를 해결하고 가난한 집안에 조금이라도 보탬이 되고자 감옥 같은 공장을 찾는다. 그러나 노동 조건이 열악하여 얼마 지나지 않아 건강이 악화되고, 꽃봉오리 같은 나이지만 낙화처럼 혈색이 바래고 살결이 시들어 간다. 그리고 결국에는 사소한 말실수에도 부당해고를 당하는 것이다.

> 그만해도 인제는 숙련이 되어서 그대로 감내할 수 있지마는 공장에를 처음 들어갔을 때 - 아침부터 저녁까지 하루 종일 꼬부리고 앉아서 실을 켜기란 참으로 사람이 죽을 지경이었다. 전기 자새는 번개같이 돌아가는데 끓는 물에서 고치를 건져내어 실끝을 찾으려면 여간 힘드는 것이 아니다. 자칫하면 끊어지고 그것을 서툰 솜씨로 잇기란 진땀이 바싹바싹 나곤 하였다. 그래도 월급을 적게 부친다는 바람에 …[102]

공장 노동은 인간의 노동이 기계의 종속이 되게 한다. 노동의 속도는 기계가 인간에게 맞춰져 있는 것이 아니라 인간의 노동이 기계의 속도에 따라야 한다. 이는 마치 기계가 명령하고 인간은 그 명령에 따라 움직이는 것과 같다. 그리고 이는 결국에는 물질문명에 의한 인간의 소외를 가져온다. 제사공장의

---

[102] 이기영, 앞의 책, 102쪽.

여공들은 '전기 자새'의 속도에 맞추어 끓는 물에서 고치를 꺼내어 실끝을 찾아야 한다. 기계의 속도는 여공들의 노동력이 가속화되기를 채근하여 여공들은 긴장 속에서 하루의 노동을 감당한다. 또한 여공들은 인간들 사이의 경쟁도 강요당한다. 경쟁에서 지는 자에게는 그들의 노동 목표라고도 할 수 있는 월급이 적게 주어진다. 돈은 근대 자본주의 사회의 존립 목표이고 경쟁은 이 같은 사회를 유지하기 위한 중요한 미덕 중 하나이다. 그러나 이 둘은 만나 인간사회를 물질을 위한 적자생존의 상태로 만든다.

농촌에서 기아를 피해 공장을 찾은 경순 같은 여공들은 생명을 위협하는 노동 현실 앞에 직면하고, 기아와 노동은 서발턴들에게는 한 쌍의 운명임을 직감한다. 노동자들은 노동착취를 당하고 농민들은 노동착취는 없는 대신 기아를 겪게 되는 것이다. 그리고 그들은 노동의 결과물 앞에서도 소외를 경험한다. 상품은 지배자 앞에 고스란히 바쳐지고 자신들에게는 전혀 돌아오지 않는다. 자신들은 적은 임금 때문에 살 생각조차 하지 못하기 때문이다. 해마다 쌀농사를 짓는 부모의 쌀이 모두 지주와 마름, 일본 등지로 나가고 자신들은 재강죽으로 연명하듯 인순과 같은 여공들이 짓는 비단 또한 자신들과는 아무런 상관이 없는 물건이 되는 것이다.

여공들은 공장에서 자신들이 만든 상품으로 존재하고 고유한 자신들의 존재는 사라지고 없다. 그러나 이 같은 환경일지라도 가정의 기아를 면하기 위한 생존환경이다. 그래서 경순과 같이 부당하게 해고당하는 일이 생기자 서발턴들은 힘을 규합해 저항한다. 그러므로 이들의 저항은 '사회적 산적질'과 유사한 것이 되는 것이다.

3.2.3. 봉기의 양상

제사공장에서의 노동 파업은 봉기의 '양상'이 간략화 되어 있다. 파업이 일어나기까지의 과정과 파업 진행 상황은 간략화 된 반면, 파업 이후 사장·직공장·감독의 파업 이유에 대한 대화와 노동자들을 협박 - 개업 시까지 파업을 그만 두지 않는 자는 해고할 것이다 - 하는 감독의 위협 장면은 자세히 나온다. 파업은 목적을 달성하지 못하고 파업 참가자로 유치장에 갇힌 '고두머리'와 '머리 큰 애'를 빼내오는 것으로 마무리된다.

파업은 경순이 해고당하여 공장을 떠난 직후 일어난다.

> 며칠 뒤에 회사에서 일을 시작하려 할 때 여공들은 사

이렌이 울어도 각 방에서 꼼짝도 않고 있었다. 사원들은 벌써 눈치를 알아채고 허둥지둥 하였다. 여공들은 일전에 해고한 경순이를 다시 복직해 달라는 이외에 대우 개선, 기타 몇 가지의 요구 조건을 사무실로 제출하였다. 그들은 모두 죽은 듯이 제 방에서 이불을 쓰고 드러누웠다. 그 날 낮에는 남공 일동도 여공들에게 호응하였다.

밤낮 쉴 새 없이 쏟아져 나오던 공장 굴뚝은 별안간 연기 한 점도 안 나오고 멋없이 우뚝 섰다. …(후략)…[103]

제사공장에서의 파업은 서발턴 봉기에서 일반적으로 보이는 '상의 - 계획 - 집회'의 장면은 생략되어 있고, '공격' 장면만이 보인다. 물론 여공들이 요구 조건을 문서화해서 사무실로 제출한 것을 보면, 이들도 '회의', '계획', '집회'의 단계를 거쳤으리라 짐작 된다. 그들이 경순의 복직, 대우 개선, 기타 몇 가지의 요구 사항을 문서화한 것은 이를 뒷받침한다. 그들은 사장, 직공장, 감독이 지닌 권위의 표적을 파괴하는 것을 목표로 하는 정치 행동에 가담한 것이다. 그리고 이를 위해서는 자신들의 권리에 대한 의식, 즉 정치의식을 가지고, 불만들을 정식화

[103] 이기영, 앞의 책, 480쪽.

하고 행동 방향을 결정하고, 서발턴 대중이 모이는 과정들이 있었을 것이다.

그러나 소설 속에는 여공과 남공 일동이 자신의 처소에서 꼼짝하지 않고 노동을 하지 않는 파업 장면만이 나온다. 그리고 이는 서발턴 봉기에서 양상의 마지막 단계인 '공격'에 해당한다. 이들은 공동체의 이름으로 자본과 싸우고자 했으며, 싸움의 결과로 요구 사항들이 관철되기를 원했다. 요구 사항의 관철은 공격의 4가지 방식[104] 중 '먹기'에 해당하는 것으로 반란자들은 이를 일종의 전복의 도구로, '공적 봉사'에 대한 보상으로 활용했다.

제사공장에서의 노동 파업 양상 중 '상의', '계획', '집회'의 단계가 보이지 않는 것은 일본 제국주의에 의해 '제사공장 노동자들의 제사공장 파업 장면이 적지 않게 삭제"[105] 당했기 때문이

[104] 인도의 라즈 하에서 벌어진 농민 행동은 4가지 투쟁 방식으로 특징지워진다. 이는 때려부수기, 불 지르기, 먹기, 빼앗기 등이다. '때려부수기'는 적의 권위의 상징들에 대한 파괴를 의미한다. '불지르기'는 파괴의 주요 도구이다. 방화는 반란이 시작되고 확산되는데 중요한 역할을 한다. '먹기'는 일종의 전복의 도구로, 공적 봉사에 대한 보상이자 적들에게 일종의 형벌이다. '빼앗기'는 약탈과 파괴에 해당된다. '먹기'와 유사하며, 반란자들은 적들의 소유를 빼앗음으로써 그 적들의 권리를 박탈한다(라나지트 구하 지음·김택현 옮김, 앞의 책, 173~203쪽).

[105] 조남현, 앞의 책, 91쪽.

라고 볼 수 있다. 일제는 신문에 연재하는 소설을 검열하면서 일제를 정면으로 규탄하는 내용은 우회적 표현이라도 용인하지 않았다. 그리고 이기영은 1934년 카프 제2차 검거사건으로 체포되었고, 『조선일보』에 연재 중이던 《고향》에 나타나는 제사공장 노동자들의 파업 장면은 적지 않게 삭제 당하였다.

3.2.4. 봉기의 연대 세력

제사공장에서의 노동파업은 여공들뿐 아니라 남공들의 연대도 이끌어낸다. 여공들이 파업한 날 낮에 남공들도 파업에 동참하여 공장 굴뚝은 연기 한 점 나지 않는다. 이들의 연대는 지배자들과 노동자들의 인식이 완전하고 명료하게 분리된 것을 의미한다. 한 쪽에서는 여공의 항의를 '회사에 대한 비난'이라는 부도덕과 이성에 대한 부정적 징후로 보고 이 같은 질병이 전염될까 두려워하는 반면, 다른 한 쪽에서는 피억압자들에 대한 당연한 저항으로 보고 이를 통해 건강함과 영적 재활을 기도한 것이라 볼 수 있다.

그리고 소설에서 주목할 수 있는 또 다른 연대는 노농연대이다. 노농동맹은 "노동자의 힘만으로는 혁명을 완수할 수 없을 때 인구의 다수를 점하고 있는 농민들의 민주주의적 투쟁을 고양

시켜 그들을 혁명의 동맹군으로 삼는 것을 말"[106] 하는 것이다. 이는 식민지 조선에서는 1920년대부터 기획되어 오던 것[107] 이었으나 일제의 탄압으로 구체화된 사례는 드물다. 《고향》에는 제사공장 노동자인 옥희, 방개 등이 소작인들의 소작쟁의를 돕기 위해서 쟁의 기간 동안 '돈'을 지원한 것으로 드러난다.

"이 돈이 생겼어!"

하고 희준이는 인동이에게 돈 봉투를 꺼내 보인다.

---

[106] 김외곤, 앞의 글, 207~208쪽.

[107] 노농연대는 1920년대부터 기획되어 오던 것이었다. 1924년 4월 18일 경성 광무정에서 참가단체 181개 대표들이 모여 '조선노농총동맹' 창립총회를 개최하여 전국적인 노동운동 및 농민운동의 총연합체를 결성하였다. 노농총동맹은 분명한 계급해방 노선을 천명하였으나, 각 단체의 지도자들은 민족해방을 위한 기층조직으로 생각했다. 그들은 민족해방을 전제로 하는 신생 독립 국가를 건설하고자 하였다. 일제의 가혹한 탄압하에서는 민족해방을 표방할 수 없었으며, 당시 일본 본토에서도 합법적으로 존재할 수 있었던 사회주의 단체의 행태를 취하였다. 그러나 일제는 조선노농총동맹이 결성되던 다음날부터 합법적인 집회를 방해하고 탄압을 시작했으며, 1925년 5월에는 '치안유지법'을 만들어 식민지 조선에서는 합법적 사회주의 운동을 불가능하게 하였다. 조선노농총동맹은 1925년 11월 중앙집행위원회에서 노동단체와 농민단체를 분리하여 별도의 전국적 중앙조직을 가지도록 결의하였다. 조선노농총동맹의 중앙 조직이 마비된 후에는 주로 각 지역 도시의 지역 연맹 조직이 활동의 중추가 되었으며, 1930년대에 이르러 일제의 탄압이 더욱 가혹해진 후로는 단위노동조합이 합법적 또는 비합법적 활동의 중심이 되었다(김낙중, 앞의 책, 261~263쪽).

"아니, 그럼 먼젓번에도 거기서 돈이 나왔구려!"

…(중략)…

인동이는 조끼 주머니에서 일 원짜리로만 돌돌 뭉친 지전 뭉텅이를 꺼내 놓는다. 희준이는 별안간 벌떡 일어나며 안심찮은 듯이

"아니, 어디서 났니? 도적질하지 않었니? ……."

하고 가만히 중얼거리며 눈을 크게 뜬다.[108]

《고향》에서 노농동맹은 대체로 부정적으로 평가되는데, 논자[109]들은 희준에게 소작쟁의 투쟁 자금을 주는 옥희가 작위적으로 설정되었음을 지적한다. 그러나 김외곤은 노농동맹의 가능성을 인순에게서 찾는다. 소작농 원칠의 딸로 노동자 계급으로 전이된 인순은 농민과 노동자의 삶을 체득했을 뿐 아니라 노동자로서의 각성이 잘 드러나고, 농민의 세계도 새롭게 인식하는 모습이 보이므로 내적인 차원에서 노농동맹을 성취했다는 것이다. 인순의 변화된 모습은 농민의 아들인 노동

[108] 이기영, 앞의 책, 569~570쪽.

[109] 김종욱, 「1920~30년대 한국 장편소설 연구」, 서울대 석사학위논문, 1987년. 한형구, 「농민소설의 발전과정」, 『한국 리얼리즘 소설 연구』, 문학과 비평사, 1987년.

자가 밤중으로 알고 늦잠이 든 농민에게 새벽을 일깨우는 것으로 보인다.[110]

두 논의를 토대로 할 때 이기영은 노농동맹을 작품 속에 형상화 시키는데 실패한 것으로 해석할 수 있다. 김외곤의 논의 또한 노농동맹을 구체화하는데 실패하는 것으로 보는 이유는 비록 인순이 내적 차원에서는 노농동맹을 체화한 것으로 보이나 구체적 행동이 없기 때문이다. 그러나 인순은 노농동맹을 성취할 가능성을 암시하는 인물로 볼 수 있겠다.

《고향》에서 나타나는 노농동맹의 성과는 다음과 같은 차원에서 볼 수도 있다.

> 장편소설 《고향》은 맑스·레닌주의의 위대한 혁명 사상만이 조선 근로 농민 대중의 생활을 혁신하는 길로 인도할 수 있고, 혁명적 로동 계급과의 동맹 원칙에 입각한 대중 운동과 그와 밀접히 관련된 지도자만이 진정한 민족 해방의 길로, 애국주의의 대로로 나아갈 수 있다는 진리를 말해 주고 있다.
>
> 위대한 사회주의 사상과 자연 발생적인 근로 농민의 해

[110] 김외곤, 앞의 글, 207~214쪽.

방운동과의 결합, 민족 해방 투쟁에서의 로동 계급이 영도하는 로동 동맹의 강화, 혁명 대중과 혁명적 지도자의 불가분리의 관계 등을 사상적 내용으로 하는 《고향》은 또한 대중과 개인의 상호 관계를 맑스-레닌주의적 미학 원칙에서 제기하고 해결하였다.[111]

소설《고향》은 노동자와 농민이 동맹한 대중운동을 지향한다. 그리고 이들의 동맹에 지도자의 인도가 있을 때 대중 운동은 민족해방의 길, 애국주의의 대로로 나아갈 수 있다. 또한 노농동맹은 노동자가 영도하는 것이 사회 발전 관계로 보았을 때 바람직하다. 맑스-레닌주의의 미학 원칙을 소설 속에 형상화했던 이기영의 대중 운동은 인물 설정에는 다소 실패한 점이 보이나 노농동맹을 실현하고자 한 점에 있어서는 의의 있는 것으로 해석될 수 있다. 그리고 계급 전이를 한 '인순'은 노농동맹의 탁월한 지도자로 성장할 가능성이 보인다. 또한 소설 속 노동파업은 탈식민적 관점에서 보았을 때 서발턴 운

[111] 리효윤, 「이기영 작 장편소설《고향》과 사회주의적 사실주의 제 문제」, 『《고향》과《황혼》에 대하여』, 조선 작가 동맹 출판사, 1958, 121쪽(김상선, 『민촌 이기영 문학 연구』, 국학자료원, 1999년, 652쪽에서 재인용).

동의 하나이며, 노동자와 농민의 연대 또한 이의 연장선으로 해석할 수 있다.

3.2.5. 봉기의 전파

엘리트주의적 인식은 반란을 위한 서발턴의 결집 과정을 전염으로 규정한다. 전염이란 개념은 돌발성, 속도성, 동시성을 내포하고 있다. 자발적 시작과 신속한 돌진으로 상층 계급에게 충격을 가하여, 봉기는 마치 화산 폭발처럼 보이며, 들불처럼 확산된다. 봉기는 또한 동시성의 통념으로 넘어가게 되는데, 외부의 관찰자들이 보기에는 해당 지역 내의 모든 곳에서 일제히 총동원이 이루어졌다는 환상을 불러일으킨다. 봉기는 거의 같은 시간에 모든 곳에서 발생했다는 인상을 주는 것이다.

그러나 동시성은 음모이론에 의해 만들어졌다. 그 논리적 귀결은 그것을 총체적 음모를 함께 꾸민 비밀 요원들의 작품으로 생각해야 한다. 그람시는 이를 '사전협의'의 판타지라고 불렀다. 이는 세계가 전복되고 있는 듯한 모습 뒤에 있는 어떤 조직 원리에 대한 직관적 인식을 반영한다. 그러나 이 직관은 전도의 원인을 이미 존재하는 음모 탓으로 돌리는 잘못된 직관이다.[112]

제사공장의 노동파업은 자연발생적으로 일어났다. 고두머리와 머리 큰 애가 감독의 중재로 유치장에서 나오고 공장이 재가동 된 후 사장 이하 중역은 이번 일의 성질을 파악하고자 한다.

"결론은 즉 이것이올시다! 한 아이가 회사를 비난하기 때문에 회사에서는 당연히 그 아이를 해고하지 않을 수가 없어서 해고를 시킨 것인데 그 때문에 이번 일이 생겼다면 생각해 보십시오! 거기서 결론을 얻을 수가 있지 않습니까? 그것은 또한 자기에게 제일 가까운 밀접한 대상으로 옮기는 법입니다. 그래서 속담에 안되면 조상 탓이라고 하지 않습니까? 그러므로 그런 말은 다른 애들도 서로 다 노상 하는 말이외다.

왜 그러냐 하면 그런 불평과 고통은 다른 애들도 그애처럼, 똑같이 가질 수 있으므로…… 그렇다면 그애는 다만 감독이 듣는 데서 그런 말을 한 것이 잘못이외다. 한데 그것도 우연히 감독에게 들킨 것이지 일부러 들으라고 한 말은 아니올시다. 그렇다면 다른 애들이 그애를 어떻게 생각하겠습니까? 그애가 그런 말을 해서 희생을 당했다

[112] 라나지트 구하 지음·김택현 옮김, 앞의 책, 270~272쪽.

는 것은 전혀 자기들이 당한 것이나 다름없이 생각될 것 아니겠습니까?

왜 그러냐 하면 자기네들도 무시로 그런 말을 하고 그런 생각을 하고 있기 때문에 서로 처지를 바꾸어 생각할 수 있습니다. 아닌가, 이번 일의 그들의 첫째 요구를 들어 보십시오. 희생된 그 애를 복직시켜 달라는 것이 아닙니까? 그러므로 저는 이번 사건은 그들의 내부적인 자연 발생적 행동으로 지적하기를 주저하지 않습니다."[113]

경순은 우연히 감독이 듣는데서 회사의 부당한 처사를 비난하였다. 그리고 그 말을 들은 감독은 경순의 비난이 다른 동료들에게 전염될 것이 두려워 경순을 해고하였다. 경순이 가진 불평과 고통을 똑같이 가졌던 다른 동료들은 그런 말을 해서 경순이 희생당한 것을 자신들이 당한 것과 같은 것이라 여기며 자발적으로 파업을 감행하고 이는 남공들마저 동참함으로써 전 공장에서 동시적으로 일어난다. 공장의 굴뚝에는 밤낮없이 나오는 연기가 '뚝' 멈추었다.

노동파업 과정 자체는 앞서 언급한 것처럼 삭제당한 채 신문

[113] 이기영, 앞의 책, 497~498쪽.

에 발표되어 자세히 알 수 없지만, 아마도 파업을 전파하고 힘을 결속시키는데 주요 수단으로 사용된 것은 '말'이었을 것이다. 말은 저항의 메시지를 퍼뜨렸을 뿐만 아니라 그들의 언어는 외부 당국자들로 하여금 그들이 지배하는 노동자들을 완전히 이해하고 통제하는데 실패했음을 보여주는 증거다.

제사공장의 중역들은 제사공장의 파업이 '자연발생적'이었다고 결론짓는다. 외부의 힘이 작용하거나 음모에 의해 반란이 시작된 징조가 보이지 않는다는 것이다. 그러나 외부의 당국자들은 소작쟁의와 동시에 일어난 노동쟁의를 주목하며 서발턴 반란을 음모이론으로 결론짓고 식민지인을 탄압할 구실로 삼을지도 모른다.

3.2.6. 봉기의 영토성과 영토적 유대

노동파업은 제사공장 내에서 일어났다. '제사공장'은 일본 식민지 자본의 상징이다. 일본은 일본 자본의 진출을 위한 조건인 철도, 도로, 통신망, 항만 등이 성숙되자 회사령[114]을 철

[114] '회사령'은 토지조사사업과 함께 1910년대 조선에 대한 일제의 경제 정책을 특징짓는다. 회사령은 합방된 직후 발표된 법령으로 조선에서 회사를 설립할 경우에는 총독의 허가를 받아야 한다는 것이다. 이는 민

폐하고, 공장을 건설하였다. 1920년대는 농산물 약탈과 관련된 식료품 공업이, 1930년대는 침략 전쟁이 확대됨에 따라 군사적 필요에 맞추어 농업을 계속 발전시키면서, 공업 및 광업의 급속한 촉진을 위해 농공병진(農工竝進) 정책을 취했다. 이를 위해 일본 독점 자본이 집중적으로 진출했고, 이는 식민지 통치 기구에 의해 정치적으로 보장을 받았다. 전쟁에 필요한 섬유 제품을 현지에 조달할 목적으로 섬유공업 부문에도 일본 독점 자본이 진출했다. 1933년에 세워진 동양방직주식회사 인천공장, 1935년의 종방(鐘紡) 광주공장 및 서울공장의 신설은 이런 유형의 진출이다.[115]

> 십여 년 전만 해도 이 밭 가운데는 뽕나무가 약간 심기고 한 귀퉁이에는 잠업전습소(蠶業 傳習所)라는 누에 치는 강습소가 빈약한 널판집 십여 간 속에 붙어 있었다.

족자본의 성장을 억압하는 역할을 하였다. 개항 이후 지주나 상인들은 근대적 공장이나 은행, 상업 회사를 설립하려는 노력을 하였으나 이들의 시도는 일본 자본의 우위성과 통감부의 경제적 탄압에 의해 무산된다. 합방 당시에는 조선 전체에서 겨우 151개의 회사가 존재했으나 이마저도 일본인 소유가 대부분이었다(한국민중사연구회 편, 앞의 책, 134~136쪽).

[115] 한국민중사연구회 편, 위의 책, 202~205쪽.

…(중략)…

그때 사용하던 제사기(製絲機)는 지금과 같은 전기 장치가 아니었다. 원시적인 물레와 같은 손으로 두르는 기계인데 왼편에다 화롯불을 피워 놓고 그 위에다 남비를 올려놓고는 거기다가 고치를 삶아서 손으로 실끝을 찾아 가지고는 자세에 달린 바퀴를 둘러서 감는 것이었다. 그는 그 뒤에 이 근대적 공장을 견학하러 갔을 때에 자기의 전습생(傳習生) 시대를 생각하고 격세지감이 없지 않았다. 수백 명의 여공(女工)이 큰 공장 안에 일렬로 몇 줄씩 늘어앉아서, 일제히 번갯불 치듯 돌아가는 전기 자새에다 실을 감고 있다. 남비 속에 있는 고치는 물고기 뛰듯 하였다. 그들은 눈 한 번을 팔지 못하고 고스란히 기계를 지키고 있었다 – .[116]

일본의 식민지 자본은 잠업강습소를 근대적 공장으로 대체하고, 식민지인의 노동력을 착취한다. 식민지인의 노동력을 착취하기 위해서는 노동자로 하여금 분업화한 일을 기계적으로 반복하는 부품의 역할을 감당케 하는 것이다. 그러나 제사공장 노동자들은 일본 자본주의의 동일성 논리에 저항한다.

[116] 이기영, 앞의 책, 45~46쪽.

사장, 직공장, 감독으로 대변되는 감시자들의 시선으로 볼 때 노동자들은 비인간화된 물건으로 존재하나, 그들은 생존이 위협받게 되면 투쟁하는 주체로서 변화하는 것이다. 그들은 지배자들과 노동 시간, 임금, 노동 환경뿐만 아니라 해고된 동료들의 복직을 위해 함께 싸운다. 그러므로 보통 이들의 저항의 범위는 공장 내로 한정된 것처럼 보여 영토성의 경계를 넘어서지 않는다.

그러나 지배 권력이었던 식민 주체에 대한 노골적인 발화가 어려웠을 때 이들에 의해 운영되던 공장주와의 투쟁은 상징성을 지닌다. 이는 식민지 조선의 노동자 전체가 이 땅에 독점 자본을 가져와 수탈을 심화시켜 가던 일본의 근대 자본주의에 저항한 것이라 해석할 수 있다. 실제로 1930년대 전반기까지 전국 각지에서는 각 부문의 공장에서 노동쟁의가 빈번히 일어났다.

이상에서 살펴본 서발턴 저항은 소작쟁의와 노동쟁의 모두 서발턴 저항의 패러다임을 따른다. 구하가 주장한 서발턴 봉기의 패러다임은 소설 《고향》에도 동일하게 나타나며 이를 통해 서발턴은 세계 어디서나 폭압적 지배 권력에 대항하여 대항적 힘을 행사하며 이들의 저항은 일정한 패턴을 갖는 것이다.

4. 결론

《고향》에는 상이한 토대를 두고 형성된 서발턴이 등장한다. 희준과 갑숙으로 대표되는 지식인 서발턴, 인동과 김선달로 대표되는 프롤레타리아 서발턴, 원터마을의 두 과부와 제사공장의 경순으로 대표되는 헤게모니 없는 서발턴, 인순과 방개로 대표되는 여성 서발턴이다. 이들은 각기 지식인, 의식화된 농민, 헤게모니 없는 주변인, 권력으로부터 이중으로 소외된 자라는 상이한 토대를 가지고 형성되었으나 일본에 의해 주도된 자본주의적 토지 관계, 일본 독점 자본의 유입 등이라는 동일한 토대도 가지고 있다.

텍스트 내에 나타나는 서발턴의 저항 양상을 라나지트 구하의 서발턴 봉기의 패러다임을 기준으로 분석해보았다. 서발턴 저항 양상은 '부정·모호성·양상·연대·전파·영토성'의 패러다임을 갖는다. 《고향》에 나타나는 서발턴 저항은 원터마을의 소작쟁의와 읍내 제사공장의 노동쟁의이다.

우선 원터마을의 소작쟁의에서 서발턴의 부정의 대상은 마름 안승학이다. 안승학의 소작농에 대한 착취는 수재로 인하여 흉년을 당했을 때 정점에 이른다. 그리고 소작쟁의는 범죄로 취급되기 쉬우나 반란에 속한다. 흉년 때 소작료를 면제해 달라는 것은 일반적인 범죄라기보다는 공개적이고 공적인 특징을 지니는 봉기로 볼 수 있다. 소작쟁의의 양상은 수재 후 마을 사람들이 동회를 열고 안승학을 찾아가 소작료 면제를 건의하기로 한 상의, 김선달 외 몇 사람이 서울 지주를 직접 찾아가기로 한 계획, '벼 베지 않기'로 결의한 집회, 결의를 행동에 옮기는 공격의 단계를 따른다. 그리고 소작쟁의는 이웃 마을까지 '벼 베지 않기' 파업을 벌이는 것으로 보아 동시성을 띤다. 마지막으로 소작쟁의는 혈연성과 인접성을 특징으로 하는 영토성을 지닌다. 원터마을 사람들은 전통 공간을 배경으로 나쁜 현재가 아닌 좋은 과거의 시간을 유토피아로 상정하고 공동체의식으로 현재를 극복하고자 한다.

제사공장에서의 노동쟁의는 부정의 대상이 사장과 직공장, 공장 감독이다. 이들은 노동자들을 기계화하며 착취하는 일본 근대자본주의의 상징이다. 노동자들의 파업은 범죄와 유사해 보이는 모호성을 지니나, 가난이 원인이 되므로 반란이라 할 수 있다. 그들은 끼니조차 연명하기 어려운 가정을 떠나 공장을 찾았지만 공장은 그들의 건강과 정신을 착취하기만 하는 감옥과 같은 역할을 한다. 노동쟁의에서 저항의 양상은 공격 이

외엔 잘 드러나지 않는데 이는 일본 제국주의의 검열에 의해 제사공장 노동자들이 공장 안에서 파업하는 장면은 삭제되었기 때문이라고 할 수 있다. 노동쟁의에서 연대는 여공들뿐 아니라 남공들까지 이들의 파업에 동참하는 것으로 나타난다. 식민 권력이 질병으로 여기고 전염될까 두려워하는 파업을 노동자들은 저항의 수단으로 사용한 것이다. 또한 이들은 마을에서 소작쟁의가 일어날 때 '돈'으로 소작쟁의를 도움으로써 마을 사람들과의 연대의식을 보여준다. 그리고 노동파업은 '자연발생적'으로 일어났다. 회사의 부당한 처사를 비난하는 경순의 말을 들은 공장 감독이 경순을 해임하고, 이로 인해 불거진 부당해고의 문제가 불씨가 되어 파업으로 발전되었다. 파업을 전파하고 힘을 결속시키는데 사용된 무기는 '말'이었을 것이다. 마지막으로 노동쟁의는 제사공장 안에서 해고자의 복직, 노동시간, 임금, 노동 조건의 개선을 내세운 투쟁이었으므로 저항의 범위는 공장 감독, 사장 등 자본의 대리인 혹은 자본으로 한정된 것처럼 보이나 이는 공장으로 상징되는 일본 제국국주의에 대한 저항으로 범위를 확대해 볼 수 있다.

【참고문헌】

❙ 기본 자료

이기영, 《고향》, 문학사상사, 2013년.

❙ 참고도서

권　유, 『민촌 이기영의 작가세계』, 국학자료원, 2002년.

김상선, 『민촌 이기영 문학 연구』, 국학자료원, 1999년.

김외곤, 『한국근대리얼리즘 문학비판』, 태학사, 1995년.

김택현, 『서발턴과 역사학 비판』, 박종철출판사, 2003년.

김흥식, 『작가 이기영, 그 치열한 삶과 문학적 진실의 수준』, 예옥, 2020년.

______, 『이기영 소설 연구』, 중앙대학교 출판부, 1996년.

김희숙, 『황석영 텍스트의 탈식민성 연구』, 부산대출판부, 2017년.

______, 『한국근대소설에 나타난 서발턴 연구』, 부산대출판부, 2018년.

백성우, 『현실 변혁의 소설 담론 : 이기영 소설 연구』, 국학자료원, 1997년.

아단문고 기획실, 『민촌 이기영 문학과 '고향' 천안』, 아단문고, 2008년.

이상경, 『이기영 - 시대와 문학』, 풀빛, 1994년.

이상태, 『이기영 창작 연구』, 조선작가동맹출판사, 1959년.

이선옥, 『이기영 여성 소설 연구』, 국학자료원, 2002년.

이성렬, 『이기영 평전』, 살림터, 2019년.

이종호, 『이기영 《고향》의 스토리텔링 전략』, 문현, 2015년.
이주형 외, 『한국근대단편소설대계』 18, 19, 태학사, 1988년.
정호웅 편, 『이기영』, 새미, 1995년
조남현, 『이기영 : 이야기꾼·리얼리즘·이데올로그』, 건국대학교출판부, 2002년.
______, 『이기영』, 한길사, 2008년.
하정일, 『탈식민의 미학』, 소명출판, 2008년.
한국민중사연구회 편, 『한국민중사II』, 풀빛, 1986년.

❙ 번역서

라나지트 구하(Rannajit Guha)지음·김택현 옮김, 『서발턴과 봉기 - 식민 인도에서의 농민 봉기의 기초적 측면들』, 박종철출판사, 2008년.
로버트 J. C영(Robert J.C Young)·김용규 옮김, 『백색신화』, 경성대학교출판부, 2008년.
______________________________, 『아래로부터의 포스트식민주의』, 현암사, 2013년.
로잘린드 C 모리스(Rosalind C Morris), 『서발턴은 말할 수 있는가? 서발턴 개념의 역사에 관한 성찰들』, 그린비, 2013년.
에드워드 사이드(Edward W Said) 지음·박홍규 옮김, 『오리엔탈리즘』, 교보문고, 2007년.
프란츠 파농(Frantz Fanon) 지음·이석호 옮김, 『검은 피부 하얀 가면』, 인간사랑, 1998년.

프란츠 파농(Frantz Fanon) 지음·남경태 옮김, 『대지의 저주받은 사람들』, 그린비, 2007년.

학위논문

김경희, 「이기영의 《고향》 연구 : 리얼리즘 단계와 갈등 양상을 중심으로」, 강원대학교 석사학위논문, 1997년.

김민규, 「이기영의 농민소설 考察 : 《고향》을 중심으로」, 조선대학교 석사학위논문, 1988년.

김병구, 「1930년대 리얼리즘 장편소설의 식민성 연구」, 서강대 박사학위논문, 2000년.

김선규, 「이기영의 《고향》에 나타난 근대성 연구」, 대구대학교 석사학위논문, 2000년.

김성수, 「이기영 소설 연구 - 식민지 시대 소설의 리얼리즘적 성격 연구」, 성균관대 박사학위논문, 1991년.

김옥진, 「이기영의 《고향》연구」, 경기대 석사학위논문, 2005년.

김종욱, 「1920~30년대 한국 농민소설의 발전 과정 연구」, 서울대 석사논문, 1990년.

김현주, 「이기영의 《고향》 분석」, 경희대학교 석사학위논문, 1993년.

김혜숙, 「이기영의 《고향》 연구」, 경남대학교 석사학위논문, 2005년.

김홍식, 「이기영 소설 연구」, 서울대 박사학위논문, 1991년.

노현숙, 「이기영의 《고향》연구」, 전북대학교 석사학위논문, 1993년.

박규남, 「이기영의 《고향》연구 : 문학생산이론적 접근」, 전남대 석사학위논문, 2001년.

박선희, 「여성의 시각으로 본 이기영의 《고향》」, 광운대 석사학위논문, 1997년.
박　은, 「이기영의 《고향》 연구」, 한양대학교 석사학위논문, 1991년.
반채용, 「이기영의 《고향》 연구」, 아주대학교 석사학위논문, 2000년.
배민지, 「이기영의 《고향》을 통한 통일문학교육」, 아주대학교 석사학위논문, 2009년.
송보웅, 「민촌 이기영 연구 : 《고향》을 중심으로」, 전주우석대학 석사학위논문, 1992년.
송인숙, 「이기영의 《고향》 연구」, 인천대학교 석사학위논문, 2005년.
안낙일, 「이기영의 《고향》 연구」, 한림대학교 석사학위논문, 1997년.
원덕기, 「이기영 《고향》의 인물유형 연구」, 동국대학교 석사학위논문, 1998년.
이경호, 「이기영의 《고향》 연구」, 한양대학교 석사학위논문, 1990년.
이선옥, 「이기영 소설의 여성의식 연구」, 숙명여자대학교 박사학위논문, 1995년.
이미지, 「1930년대 농민소설 연구 : 이기영의 《고향》을 중심으로」, 연세대 석사학위논문, 2008년.
이주영, 「이기영의 《고향》에 나타난 여성의 형상화 양상」, 경기대학교 석사학위논문, 2002년.
이주형, 「1930년대 한국장편소설연구: 현실인식과 작품전개방식의 변모양상을 중심으로」, 서울대 박사학위논문, 1983년.
정기문, 「이기영 문학과 공동체주의」, 동아대 석사학위논문, 2010년.
정동철, 「이기영 《고향》의 인물 연구」, 한국교원대학교 석사학위논문,

1993년.
정미원, 「이기영 《고향》의 작중 인물 연구」, 한국외국어대학교 석사학위논문, 1988년.
정희준, 「이기영의 장편소설 《고향》 연구」, 중앙대학교 석사학위논문, 1996년.
최중녀, 「이기영 소설의 여성의식 변모 양상」, 대구가톨릭대학교 박사학위논문, 2018년.
한 선, 「이기영의 《고향》 연구」, 전북대학교 석사학위논문, 1997년.
한태화, 「이기영의 소설 《고향》의 인물 연구」, 한양대학교 석사학위논문, 1996년.
황미선, 「이기영의 고향에 나타난 근대성 연구」, 단국대 석사학위논문, 2005년.
홍길선, 「이기영의 《고향》에 나타난 갈등 연구」, 수원대 석사학위논문, 1997년.

▌논문·비평

강옥초, 「그람시와 서발턴 개념」, 『역사교육』, 1982년.
고길섶, 「탈식민주의 담론과 세계지도 다시 그리기」, 『문학과학』, 1999년.
구재진, 「1930년대 '집 나간 여성'의 계급 횡단과 여성 해방의 (불)가능성 - 《인형의 집을 나와서》와 《고향》을 중심으로」, 『한국현대문학연구』 59, 2019년.
권영민, 「계급 리얼리티의 선봉장」, 《고향》, 문학사상사, 2013년.

김낙중, 「일제시대 노동운동의 전개와 역사적 성격」, 『한길역사강좌 11 - 일제식민지시대의 민족운동』, 한길사. 1988년.

김명숙, 「이기영 《고향》에서 본 조선 현대 지식인의 양면성」, 『인문사회과학연구』 9, 2002년.

김병구, 「이기영의 《고향》론」, 『한국문학이론과 비평』 9, 2000년.

김선규, 「농민소설의 내적형식과 서사전략 - 이기영의 《고향》론」, 『문예미학』 9, 2002년.

김외곤, 「노농동맹의 성과와 한계」, 『한국근대리얼리즘 문학 비판』, 태학사, 1995년.

김윤식, 「식민지 현실의 총체적 탐구와 리얼리즘의 새로운 현실」, 《고향》, 문학사상사, 2013년.

______, 「농촌현실의 형상화와 소설적 의의 - 이기영론」, 『한국현대장편소설연구』, 삼지원, 1989년.

김정숙, 「이기영의 《고향》에 나타난 인물의 행위항적 구도」, 『어문논집』 26, 1998년.

______, 「매개적 인물의 창조와 비판적 현실 인식 - 이기영의 《고향》 이전의 소설을 중심으로」, 『새국어교육』 83, 2009년.

김종균, 「이기영 장편소설 《고향》의 가족 양상 연구」, 『한국어문학연구』 12, 2000년.

김종욱, 「구술문화와 저항담론으로서의 소문 - 이기영의 《고향》론」, 『한국현대문학연구』 16, 2004년.

김진석, 「이기영의 《고향》 연구 - 사회주의 리얼리즘과 낭만주의의 수용 문제를 중심으로」, 『과학과 문학』 5, 2008년.

______, 「프롤레타리아 문학의 연애담론과 서사 양상 - 이기영의 《고향》을 중심으로 -」, 『한국언어문학회』 73, 2010년.

김택현, 「인도의 식민지 근대사를 보는 시각과 서발턴 연구」, 『역사비평』, 1988년 겨울.

남경광, 「이기영의 《고향》론 : 이론적 배경과의 관련 하에」, 『어문학보』 14, 1991년.

문흥술, 「이기영 《고향》에 나타난 미적 특수성에 관한 연구」, 『한국현대문학회』 4, 1995년.

박종길, 「이기영 《고향》의 전형성에 대한 소고(小考)」, 『나랏말쌈』 24, 2009년.

배상미, 「1930년대 전반기 프롤레타리아 문학의 젠더와 한국문학사 - 이기영의 고향과 강경애의 인간문제를 중심으로」, 『현대소설연구』 68, 2017년.

손유경, 「재생산 없는 '고향'의 유토피아」, 『한국문학연구』 44, 2013년.

양종근, 「스피박의 현대이론에 대한 해체적 개입 - 초기 저서를 중심으로」, 『영미어문학』 82, 2007년.

염숙희, 「이기영의 《고향》에 나타난 근대 공동체와 개인」, 『한국민족문화』 71, 2019년.

우종민, 「이기영의 《고향》에 나타난 근대의식 연구」, 『한국문화기술』 4, 2007년.

우찬제, 「이기영의 《고향》의 욕망 현시 양상 연구」, 『한국문학이론과 비평』 12, 1999년.

우한용, 「리얼리즘소설의 문학교육적 해석 : 이기영의 《고향》을 중심으로」, 『국어국문학』 112, 1994년.
이용군, 「이기영의 《고향》 연구 – 아버지 세대의 극복을 통한 공동체 삶의 대안적 모색 –」, 『우리문학연구』 15, 2002년.
이재선, 「이기영의 《고향》과 반성적 시학」, 『현대소설의 서사시학』, 태학사, 2002년.
이형진, 「이기영의 《고향》재독 : 실천적 지식인의 소설적 형상화를 둘러싼 작가의식과 비평 담론의 차이」, 『동남어문학』 40, 2020년.
정동환, 「《고향》론」, 『민족문학사연구』 창간호, 1991년.
정호웅, 「이기영론 – 리얼리즘 정신과 농민문학의 새로운 문제」, 『한국근대리얼리즘 작가 연구』, 문학과 지성사, 1988년.
조진기, 「이기영의 《고향》 연구」, 『한민족어문학』 20, 1991년.
지수걸, 「일제시대 농민운동의 전개와 성격」, 『한길역사강좌 11 – 일제 식민지시대의 민족운동』, 한길사, 1988년.
최명국, 「이기영의 《고향》에 대한 소고(小考) – "몸" 표현을 중심으로」, 『문예시학』 22, 2010년.
표언복, 「이기영의 《고향》론」, 『한국언어문학』 27, 1989년.
한형구, 「농민소설의 발전 과정」, 『한국 리얼리즘 소설 연구』, 문학과 비평사, 1987년.
황종연, 「문학에서의 역사와 반(反)역사 – 이기영의 《고향》을 중심으로」, 『민족문학사연구』 67, 2018년.

【부록】 작품 목록

▎소설

제목	게재지·출판사	게재·출판연도	장르
오빠의 비밀편지	개벽	1924. 7.	단편
가난한 사람들	개벽	1925. 5.	단편
민촌	조선지광	1925. 12.	중편
쥐 이야기	문예운동	1926. 1.	단편 ※삼천리 재수록(1935. 3.)
농부 정도령	개벽	1926. 1 ~ 2.	중편
장동지의 아들	시대일보	1926. 1. 4.	단편
단칸방	문예운동	1926. 1.	단편
오남매 둔 아버지	개벽	1926. 4.	단편
외교관과 전도부인	조선지광	1926. 5. 19.	단편
부흥회	개벽	1926. 8.	단편
악인과 선인	조선지광	1926. 8.	단편 ※조남현: 수필로 분류
박선생	별건곤	1926. 11.	단편, 〈부흥회〉와 동일작품
천치의 논리	조선지광	1926. 11.	단편
실진	동광	1927. 1.	단편
농부의 집	조선지광	1927. 1.	단편
어머니의 마음	현대평론	1927. 1.	단편
유혹	조선일보	1927. 1. 4 ~ 8.	단편
아사	조선지광	1927. 2.	단편, 〈농부의 집〉 속편
호외	현대평론	1927. 3.	단편

제목	게재지·출판사	게재·출판연도	장르
비밀회의	중외일보	1927. 4.	단편
민며느리 - 금순의 소전	조선지광	1927. 6.	단편
해후	조선지광	1927. 11.	단편
단말마	조선일보	1928. 1. 1.	단편
채색 무지개	조선지광	1928. 1.	단편
고난을 뚫고	동아일보	1928. 1. 15 ~ 24.	중편
숙제	조선지광	1928. 3 ~ 4. 합병	단편
원보	조선지광	1928. 5.	단편, 일명 〈서울〉
경순의 가출	조선일보	1929. 1. 1.	단편
자기희생	조선일보	1929. 3. 12.	단편
외교관과 전도부인	조선지광	1929. 5.	단편
향락귀	조선일보	1930. 1. 2 ~ 18.	단편
종이 뜨는 사람들	대조	1930. 4.	단편, 일명 〈제지공장촌〉
홍수	조선일보	1930. 8. 21 ~ 9. 3.	단편
광명을 앗기까지	해방	1930. 12.	단편, 〈쥐 이야기〉 속편
앞잡이	해방	1931. 2.	단편
시대의 진보	조선지광	1931. 1. · 2. 합병호	단편
이중국적자	해방	1931. 6.	단편
현대풍경	중외일보	1931. 6. 27. ~ 1932. 4. 27.	장편, 연재중단
부역	시대공론	1931. 9.	단편
묘·양·자	조선일보	1932. 1. 1 ~ 31.	중편
양잠촌	문학건설	1932. 12.	단편

제목	게재지·출판사	게재·출판연도	장르
박승호	신계단	1933. 1.	단편
김군과 나와 그의 아내	조선일보	1933. 1. 2 ~ 15.	단편
변절자의 아내	신계단	1933. 5.	단편 ※후편은 검열로 중단(1933.6.)
서화	조선일보	1933. 5. 30. ~ 7. 1.	중편
고향	조선일보	1933. 11. 15. ~ 1934. 9. 21.	장편
가을	중앙	1934. 1.	단편
돌쇠	형상	1934. 2.	단편, 〈서화〉의 본편
진통기	문학창조	1934. 6.	단편, 연재중단
노예	동아일보	1934. 7. 24 ~ 29.	단편
B씨의 치부술	중앙	1934. 9.	단편
남생이와 병아리	청년조선	1934. 10.	단편
원치서	동아일보	1934. 3. 3 ~ 17.	단편
인간수업	조선중앙일보	1936. 1. 1.~ 7. 23.	장편
흙과 인생	예술	1936. 1. ~	단편, 연재중단
유선형	중앙	1936. 2.	단편
도박	조광	1936. 3.	단편
배낭	조광	1936. 5.	단편
십년후	삼천리	1936. 6.	단편
유한부인	사해공론	1936. 7.	단편
적막	조광	1936. 7.	단편
성화	고려시보	? ~ 1936. 10. 1. ~ ?	장편, 연재중단
야광주	중앙	1936. 9.	장편, 종간으로 연재중단

제목	게재지·출판사	게재·출판연도	장르
비	백광	1937. 1.	단편
어머니	조선일보	1937. 3. 3. ~ 10. 11.	장편
나무꾼	삼천리	1937. 1.	단편
맥추	조광	1937. 1 ~ 2.	단편
추도회	조선문학	1937. 1.	단편
어머니	조선일보	1937. 3. 30. ~ 10. 11.	장편
인정	백광	1937. 5.	단편
산모	조광	1937. 6.	단편
그와 여교원	동아일보	1937. 9. 28 ~ 30.	단편
돈	조광	1937. 10.	단편
노루	삼천리문학	1938. 1.	단편
신개지	동아일보	1938. 1. 19. ~ 9. 8.	장편
참패자	광업조선	1938. 2.	단편
설	조광	1938. 5.	단편
금일	사해공론	1938. 7.	단편
청년	삼천리	1938. 8. ~	장편, 연재중단
욕마	야담	1938. 10.	단편
대장간	조광	1938. 10.	단편
진통기	조선문학	1939. 1 ~ 7.	장편, 연재중단
묘목	여성	1939. 3.	단편
수석	조광	1939. 3.	단편
소부	문장	1939. 4.	단편

제목	게재지·출판사	게재·출판연도	장르
권서방	가정지우	1939. 5 ~ 8.	중편
고물철학	문장	1939. 7.	단편
야생화 - 일명 나의 고백	문장	1939. 7.	단편
형제	청색지	1939. 9 ~ 10.	단편
대지의 아들	조선일보	1939. 10. 12. ~ 1940. 6. 1.	장편
귀농	조광	1939. 12.	단편
봉황산	인문평론	1940. 3.	단편
왜가리	문장	1940. 4.	단편
봄	동아일보 인문평론	1940. 6. 11. ~ 8. 10. 1940. 10. ~ 1941. 2.	장편, 정간으로 연재중단 연재 속간
간격	광업조선	1940. 9 ~ 12.	단편
아우	조광	1940. 12.	단편
삼각형 - 처복론	신세기	1941. 1.	단편
종	문장	1941. 2.	단편
여인	춘추	1941. 3.	단편
생명선	家庭の友	1941. 3 ~ 8.	중편
인가훈	춘추	1942. 1.	단편
동천홍	춘추	1942. 2. ~ 1943. 3.	장편
시정	국민문학	1942. 3.	단편
생활의 윤리	성문당	1942.	장편
저수지	半島の光	1943. 5 ~ 9.	중편
공간	춘추	1943. 6.	단편
광산촌	매일신보	1943. 9. 23.~ 11. 2.	장편

제목	게재지·출판사	게재·출판연도	장르
저금통	방송지우	1944. 3.	단편
처녀지	삼중당서점	1944.	장편
개벽	문화전선	1946. 7.	단편
형관	문화전선	1946. 8 ~ 9.	단편
응탁리 인민들	애국독본	1947. 1.	단편
입춘	조선여성	1947. 12.	단편, 미완
땅 - 개간편	조선인민출판사	1948.	장편, 1부
땅 - 수확편	조쏘문화협회	1949.	장편, 1부
※ 땅 - 조국해방전쟁편, 장편, 2부, 1958			
농막선생	조소문화협회 중앙본부	1950.	단편 ※1947년 발표, 게제지 미상
삼팔선	인민	1950. 10 ~ 12. 1952. 1 ~ 3.	장편
선로원 이응선	통일신문	1950. 9.	단편
복수의 기록	민주조선	1953. 7. 11 ~ 14.	단편
강안마을	조선문학	1954. 7 ~ 8.	단편
붉은수첩	청년생활	1959. 1. ~ 1960. 3.	장편
두만강 1부	조선작가동맹 출판사	1954.	장편
두만강 2부	조선작가동맹 출판사	1957.	장편
두만강 3부	조선작가동맹 출판사	1964.	장편, 1961년 발표
역사의 새벽길	문학예술종합 출판사	1994.	장편, 1972년 발표

희곡

제목	게재지·출판사	게재·출판연도	장르
그들의 남매 - 월희	조선지광	1929. 1 ~ 6.	희곡, 그들의 남매(1막), 1929. 1. 월희(2~5막), 1929. 2 ~ 6.
인신교주	신계단	1933. 1 ~ 2.	희곡
닭싸움	우리문학	1946. 3.	희곡
해방	신문학	1946. 3.	희곡

평론·수필·기타

제목	게재지·출판사	게재·출판연도	장르
여인의 네 가지 전형을 읽고	동아일보	1924. 5. 19.	평론, 《자유종》 후기
병시걸인	동아일보	1925. 11. 15.	수필
속사포	문예운동	1926. 5.	촌평
출가소년의 최초 경난	개벽	1926. 6.	수필
인간상품	조선지광	1926. 7.	수필
흐므레트의 망령	조선지광	1926. 9.	수필
과거의 생활에서	조선지광	1926. 11.	수필
헤매이던 발자취	조선지광	1926. 12.	수필
문인과 생활	중외일보	1926. 12. 9 ~ 10.	수필
새사람이 항상 많이 나오길	조선지광	1927. 1.	수필
옛날의 가을	조선지광	1927. 9.	수필
집단의식을 강조한 문학	조선지광	1928. 1.	수필

제목	게재지·출판사	게재·출판연도	장르
묵은 일기의 일절에서	조선지광	1928. 2.	수필, 일기
모춘잡필	조선지광	1928. 5.	수필
바다와 인천	조선지광	1928. 7.	수필
지금 형편에는 방책이 별무	별건곤	1929. 1.	수필
관념론적 유심론	조선일보	1929. 3. 6. ~ 3. 16.	평론
부인의 문학적 지위	근우	1929. 5.	평론
시문만평	삼천리	1930. 1.	평론
반동적 비평을 매장하자	대조	1930. 8.	평론
문예시감 - 1931년을 보내면서	중앙일보	1931. 12. 14.	평론
문예시감 - 1931년 판『카프시인집』을 읽고	중앙일보	1931. 12. 15.	평론
고리끼의 문단생활 - 사십년 기념제	신계단	1932. 11.	평론
〈적막한 예원〉의 일절을 읽고 - 동인 군을 박함	문학건설	1932. 12.	평론
송영 군의 인상과 작품	문학건설	1932. 12.	평론
내 심금의 현을 울린 작품 - 판훼롭흐 작 〈빈농조합〉	조선일보	1933. 1. 27.	평론
〈혁명가의 아내〉와 이광수	신계단	1933. 4.	평론
작가가 본 작가 - 현민 유진오론	조선일보	1933. 7. 2 ~ 9.	평론
문단인의 자기 고백 - 나의 문학에 대한 태도, 작가적 양심	동아일보	1933. 10. 10.	평론
문예적 시감 수제	조선일보	1933. 10. 25 ~ 29.	평론
작가의 말 -《고향》연재 예고	조선일보	1933. 11. 14.	수필
노변 야화	조선일보	1934. 1. 14 ~ 28.	수필
문학을 이해하라	동아일보	1934. 1. 16.	평론

제목	게재지·출판사	게재·출판연도	장르
사회적 경험과 수완	조선일보	1934. 1. 25.	평론
나의 아호 나의 이명(異名) : 민촌(民村)의 유래	동아일보	1934. 4. 2.	수필
연애와 결혼의 문제	중앙	1934. 5.	수필
문예평론가와 창작 비평가	조선일보	1934. 2. 3 ~ 4.	평론
연려한 천리녹야	조선일보	1934. 5. 30.	수필
창작방법 문제에 관하여 - 문예적 시사감	동아일보	1934. 5. 30. ~ 6. 4.	평론, 5회 연재
문학과 현실	문학창조	1934. 6.	평론
소아를 버리고 대국에 착안하자	동아일보	1934. 6. 14.	평론, 감상 비판주장
창작가로 나설 이에게 몇 말씀 - 문리·문장·수법, 소설작법에 대하여	조선일보	1934. 7. 6 ~ 11.	평론
태평양과 삼방유협	동아일보	1934. 7. 20.	수필
문예시평	청년조선	1934. 10.	평론
1934년 문단에 대한 희망	형상	1935. 2.	설문응답
이귀례에게 보낸 서한	예술	1936. 1.	수필
해외에 보내고 싶은 우리작품	삼천리	1936. 2.	설문응답
춘일춘상 - 고난의 배후서	조선중앙일보	1936. 4. 12 ~ 17.	수필
작가와 위생	사해공론	1936. 4.	평론
명암 이중주	중앙일보	1936. 6.	수필
조춘(백자평론)	신동아	1936. 6.	평론
막심고리키에 대한 작가적 인상초 - 그의 진실한 생활체험과 부단한 노력을 추억하며	조선중앙일보	1936. 6. 22.	평론
문호 고리키 옹을 조함	비판	1936. 7.	수필

제목	게재지·출판사	게재·출판연도	장르
흙의 향기	중앙	1936. 7.	수필
문예적 시감 이삼	조광	1936. 8.	평론
문장출어곤궁	신동아	1936. 8.	수필
추희	중앙	1936. 8.	수필
이기영과 잡담집	신인문학	1936. 8.	수필
인상 깊은 가을의 몇 가지	사해공론	1936. 9.	수필
신문과 작가	사해공론	1936. 11.	평론
문학을 지원하는 이에게 - 문청에게 주는 글	풍림	1936. 12.	평론
조선문학의 재건을 위하여	사해공론	1936. 12.	좌담
무로변기	조광	1937. 1.	수필
《고향》의 평판에 대하여	풍림	1937. 1.	평론
현문단 정예작가 출세작 집	사해공론	1937. 2.	평론
문예 시감 - 비평과 작품에 대하여	조선일보	1937. 3. 11 ~ 16.	평론
문인 멘탈 테스트	백광	1937. 4.	설문
여행 설문	조광	1937. 4.	설문
소년 시절 그리운 정서	풍림	1937. 4.	수필
예리한 해부력과 건실미	조선문학	1937. 5.	평론
향수설문	조광	1937. 4.	설문 응답
막심 고리키 1주년제	조광	1937. 6.	평론
독서설문	조광	1937. 6.	설문
〈나그네〉의 한 장면	조선문학	1937. 6.	평론
스케일이 크지 못함이 작가의 최대 결함	동아일보	1937. 6. 5.	평론

제목	게재지·출판사	게재·출판연도	장르
문학청년에게 주는 글	조선일보	1937. 6. 6.	수필
평론가 대 작가 문제	동아일보	1937. 6. 22.	평론
소설 창작에 대하여	조선일보	1937. 7. 7.	평론
산문의 정신과 사상	조선일보	1937. 7. 14 ~ 15.	평론
초하수필	조선문학	1937. 8.	수필
이상과 현실	동아일보	1937. 8. 4.	평론
나의 수업시대 - 작가의 올챙이때 이야기	동아일보	1937. 8. 5 ~ 8.	수필
작가와 비평가의 변 - 작가 평가는 유기적	조광	1937. 9.	평론
비평과 작품	조선일보	1937. 11. 3.	평론
먼저 자부심을 가져라 - 그대들은 명일의 문학 건설자다	조선일보	1937. 11. 9 ~ 10.	평론
조선문학의 전통과 역사적 대작품	조선일보	1937. 12. 8.	평론
조선은 말의 처녀지 - 말의 발굴의 임무	동아일보	1938. 1. 3.	평론
작가의 말 - 〈신개지〉 연재예고	동아일보	1938. 1. 18.	수필
셋방 10년 - 나의 이사 고난기	조광	1938. 2.	수필
잡감수제	조광	1938. 2.	수필
무몽대길(꿈의 순례)	조광	1938. 2.	수필
분산적인 조선 극계에 통일적 정신을 기대	동아일보	1938. 2. 8.	평론
엄흥섭씨 단편집 《길》을 읽고	조선일보	1938. 3. 15.	평론
탁류를 타고 내려올 때	사해공론	1938. 4.	수필
나의 곤경시대 아내를 말함 - 아무리 이사를 자주 다녀도	여성	1938. 4.	수필
낙동강 - 초하의 조선 산하	조광	1938. 5.	수필

제목	게재지·출판사	게재·출판연도	장르
문학자와 교육자 - 인격문제를 중심으로	동아일보	1938. 5. 27.	평론
설문	조광	1938. 6.	설문
창작의 이론과 실천	동아일보	1938. 6. 6.	평론
순식간에 지어진 이백리 문화촌	동아일보	1938. 7. 7.	수필
역사의 흐르는 방향 - 과학적 합리성의 파악과 실천	조선일보	1938. 7. 9.	평론
삐뚤어진 상식	사해공론	1938. 8.	수필
낙동강 - 그 강의 정서	조광	1938. 8.	수필
농촌의 인상 - 잊을 수 없는 농촌	가정지우	1938. 8.	수필
박승극 저 『다여집』을 읽고	동아일보	1938. 9. 18.	평론, 신간평
일기장에서 - 일기 일절	동아일보	1938. 9. 23.	수필, 일기
창작의 이론과 실제: 소재와 작품 - 문학적 생활과 전통	동아일보	1938. 9. 29. ~ 10. 1.	평론
창작의 이론과 실제; 모델과 풍자소설 '기술문제에 관하여'	동아일보	1938. 10. 2.	평론
묘사의 대담성; '기술문제에 관하여'	동아일보	1938. 10. 4.	평론
단발령 - 금강비경행1	동아일보	1938. 10. 25.	수필, 기행
내금강 관문 - 금강비경행2	동아일보	1938. 10. 26.	수필, 기행
내팔감과 보덕굴 - 금강비경행3	동아일보	1938. 10. 27.	수필, 기행
백운대와 연화대 - 금강비경행4	동아일보	1938. 10. 28.	수필, 기행
수미탑과 연화대 - 금강비경행5	동아일보	1938. 10. 29.	수필, 기행
만물상중 천선대 - 금강비경행7	동아일보	1938. 11. 3.	수필, 기행
상팔담의 원근경 - 금강비경행8	동아일보	1938. 11. 6.	수필, 기행
작가와 독자 - 창작에 나타나는 두가지 현상	동아일보	1938. 12. 3.	평론

제목	게재지·출판사	게재·출판연도	장르
내가 본 유진오씨	조선문학	1939. 1.	평론
낙목공산	조광	1939. 2.	수필
인간과 창조	동아일보	1939. 2. 9.	수필
건강유감	동아일보	1939. 2. 11.	수필
수봉선생	동아일보	1939. 2. 18.	수필
단상	조선문학	1939. 3.	수필
내 문학을 길러준 곳 - 교박한 천안 뒤뜰	동아일보	1939. 3. 25 ~ 30.	수필
동경하는 여주인공	조광	1939. 4.	평론
삼악성	비판	1939. 4.	수필
성공과 수단	동아일보	1939. 4. 11.	수필
인간과 기술자	청색지	1939. 5.	수필
대지의 첫아들 장면	가정지우	1939. 5.	수필
그리운 남극	신세기	1939. 6.	수필
예술 탐광가 - 나의 창작 노트	조광	1939. 6.	수필
문인도와 상인도	신세기	1939. 9.	평론
고쳐야 할 습속 버리지 말 전통	가정지우	1939. 9.	수필
대지의 아들을 찾아서	조선일보	1939. 9. 26. ~ 10. 3.	수필, 기행
작가의 말 - 〈대지의 아들〉 연재 예고	조선일보	1939. 10. 5.	수필
박영희 저 〈전선기행〉을 읽고	조선일보	1939. 10. 16.	평론
국경의 도문	문장	1939. 11.	수필, 기행
〈신개지〉 영화화에 대하여	영화관극	1939. 11.	평론
새 영화 예술의 발달	영화관극	1939. 11.	평론

제목	게재지·출판사	게재·출판연도	장르
만주와 농민문학	인문평론	1939. 11.	평론
전선기행	박문	1939. 12.	수필, 기행
원산행 소감	청색지	1939. 12.	수필, 기행
실패한 처녀 장편	조광	1939. 12.	수필
산중잡기	동아일보	1939. 12. 5 ~ 10.	수필
오해	동아일보	1940. 1. 25.	수필
관습	동아일보	1940. 1. 26.	수필
생명	동아일보	1940. 2. 3.	수필
여성	동아일보	1940. 2. 4.	수필
나의 문학 동기	문장	1940. 2.	수필
작가에게 방향을 지시	인문평론	1940. 3.	평론
장편소설 작가 회의 - 신문소설과 작가의 태도	삼천리	1940. 4.	평론, 좌담
해인사 기행	삼천리	1940. 6.	수필, 기행
복더위	가정지우	1940. 8.	수필
시대에 적응한 새 인간형의 창조를	삼천리	1941. 1.	평론
2601년 원단의 맹세	가정지우	1941. 1.	설문
자연의 은총	신시대	1941. 5.	수필
문예시사감 수제 - 작품과 작가 정신	매일신보	1941. 5. 6.	평론
문예시사감 수제 - 작가와 조로성	매일신보	1941. 5. 7.	평론
문예시사감 수제 - 전형기와 문학	매일신보	1941. 5. 8.	평론
문예시사감 수제 - 예술의 허구성	매일신보	1941. 5. 9 ~ 10.	평론

제목	게재지·출판사	게재·출판연도	장르
문예시사감 수제 - 40대의 기록	매일신보	1941. 5. 11.	평론
곤충의 지혜	半島の光	1941. 11.	수필
금강산과 나	춘추	1941. 11.	수필, 기행
합천 해인사	반도산하	1941.	수필
춘일소감	매일신보	1942. 3. 16 ~ 17.	수필
창극 〈초한전〉 관극기 - 특히 일종 문화의 의의	매일신보	1942. 3. 19.	평론
문학의 세계	매일신보	1942. 6. 18 ~ 23.	평론
《동천홍》에 대하여	대동아	1942. 7.	평론
남녀관	신시대	1942. 7.	수필
신년을 맞으신 여러분께	半島の光	1943. 1.	수필
「조선농촌담」을 읽고	매일신보	1942. 2. 13.	평론
윤승환의 저 〈대원군〉을 읽고	춘추	1943. 3.	평론, 신간평
일평농원	매일신보	1943. 7. 11 ~ 13.	수필
〈그 전날 밤〉 공연을 보고	매일신보	1943. 9. 11 ~ 12.	평론
조선 문학의 지향	예술	1946. 1.	평론, 좌담
동지애	우리문학	1946. 2.	수필
소년 문제 좌담회	우리문학	1946. 2.	평론, 좌담
북조선 예술 동향 - 토지개혁과 예술가의 임무	중앙신문	1946. 4. 21.	평론
포석 조명희론 - 그의 《낙동강》 재간에 대하여	중외일보	1946. 5. 28 ~ 29.	평론
창작 방법상에 대한 기본적 제 문제	문화전선	1946. 7.	평론
문학자의 자기비판	인민예술	1946. 10.	좌담

제목	게재지·출판사	게재·출판연도	장르
김일성 장군의 투쟁사	조선여성	1946. 12. ~ 1947. 1.	수필, 전기
나의 소련 기행	조쏘문화	1947. 3.	수필, 기행
조선문제에 대한 유엔총회의 불법적 결정을 삼천만 조선인은 승인치 않는다	조쏘문화	1949. 2.	평론
인민의 나라 쏘연방의 약진상 - 조선인민대표단의 총괄적 보고	조쏘문화	1947. 3.	평론
피는 피로써 갚자	로동신문	1950. 7. 20.	평론
조국의 독립과 자유와 세계 평화를 위한 조선인민의 투쟁에 준 쏘련의 거대한 원조	조쏘문화	1951. 8.	평론
위대한 사회주의 사월혁명과 쏘베트동맹의 평화정책	조쏘문화	1951. 11.	평론
쏘련공산당 제19차 대회를 전 세계평화애호 인민들과 함께 조선 인민들은 충심으로 축하한다.	조쏘친선	1952. 8.	평론
쏘베트문화는 세계의 평화와 인류행복을 위해 복무하고 있다	민주조선	1952. 9.	평론
조쏘 양국 인민간의 위대한 친선	조쏘친선	1953. 1.	평론
위대한 레닌의 가치는 우리를 승리에로 고무한다	조쏘친선	1953. 1.	평론
위대한 스탈린은 우리 조선인민의 심장 속에 영원히 살아 있을 것이다	조쏘친선	1953. 4.	평론
위대한 쏘련의 원조는 전후 인민경제복구 건설에서 우리 승리의 튼튼한 담보	조쏘친선	1953. 11.	평론
노동계급 속에서 협의문화 선전사업을 가일층 강화하자	조쏘친선	1954. 5.	평론
제2차 전연맹 쏘비에트 작가 대회에서의 토론들	조선문학	1955. 2.	평론
영광스러운 우리 인민과 함께	조선문학	1955. 7.	평론
쏘비에트 문화의 섭취와 우리 민족문화의 개화	조쏘문화	1955. 8.	평론
귀중한 벗들 앞에	조선문학	1955. 10.	수필

제목	게재지·출판사	게재·출판연도	장르
나의 창작 경험	문학신문	1956. 2. 20.	수필
내가 소설을 쓰기까지	청년문학	1956. 3.	수필
《땅》과 곽바위	우리조국	1956. 3.	평론
저자의 말 - 〈봄〉 서문	《봄》 4판 - 조선작가동맹 출판사	1957.	평론
나의 금후 창작 계획	문학신문	1957. 2. 28.	수필
해방의 태양이 빛나는 새조선	조쏘문화	1957. 8.	평론
카프시대의 회상기	조선문학	1957. 8.	수필
지상낙원의 건설을 위하여	문학신문	1957. 9. 26.	평론
이상과 노력	이상과노력	1958.	수필
내가 겪은 3·1 운동	조선문학	1958. 3.	평론
사회주의 사실주의문학의 거장 고리끼 탄생 90주년에 제하여	문학신문	1958. 3. 27.	수필
평화의 힘	문학신문	1958. 5. 29.	평론
위대한 해방의 태양 아래	문학신문	1958. 8. 14.	평론
저자의 말 -《인신교주》	민청출판사	1959.	평론
새해 창작 계획	문학신문	1959. 1. 1.	수필
나의 창작 계획	민주조선	1959. 1. 3.	수필
공산주의 친선과 협조	문학신문	1959. 3. 15.	평론
불구대천의 원수 미군 당장 나가라	문학신문	1959. 6. 25.	평론
미제침략자를 단죄한다	로동신문	1959. 6. 26.	평론
문학도들에게	문학신문	1959. 9. 4.	평론
참된 생활로부터 - 신인들에게 주는 말	문학신문	1960. 5. 27.	평론

제목	게재지·출판사	게재·출판연도	장르
한설야와 나	조선문학	1960. 8.	평론
현대조선문학과 한설야	로동신문	1960. 8. 24.	평론
나의 창작 경험 - 장편소설 《두만강》을 쓰기까지	문학신문	1960. 11. 1., 4.	수필
원효의 윤리관 ; 거짓 일소와 참모습 추구 구극은 자타 무대립 세계	동아일보	1961. 6. 28.	평론
웅대한 구상을 실현하는 길에서 - 작가 이기영 방문기	문학신문	1961. 9. 5.	수필, 기행
포석에 대한 나의 인상	문학신문	1962. 2. 20.	수필
조명희 동지를 추억함	조선문학	1962. 7.	수필
작가의 학교는 생활이다	문학신문	1962. 8. 21 ~ 28.	수필
붓을 총으로 삼아 - 새해 창작 결의	문학신문	1963. 1. 1.	평론
땅에 대한 사랑	문학신문	1963. 3. 5.	평론
작가는 시대의 거울이다	문학신문	1963. 9. 6.	평론
청소년 문학도들에게	청년문학	1963. 9.	평론
생활을 창조하는 사람들	조선문학	1963. 11.	평론
언어의 정화문제	문학신문	1963. 12. 10.	평론
현실적 주체의 창작을 강화하며 그의 형상성을 제고하자	문학신문	1963. 12. 20.	평론
남반부 작가들은 싸우는 인민의 편에 서라	문학신문	1964. 3. 6.	평론
10월의 태양은 온 세계에 비친다	문학신문	1964. 11. 6.	평론
남북으로 갈린 혈육들을 빨리 서로 만나게 하라	로동신문	1964. 12. 16.	평론
처녀작을 어떻게 썼는가	청년문학	1964. 12.	평론
언제나 생동한 작가정신으로	조선문학	1965. 1.	평론

제목	게재지·출판사	게재·출판연도	장르
창작과 노력	창작과 기교	1965. 7.	평론
서해에 대한 인상	문학신문	1966. 1. 21.	평론
추억의 몇 마디 - 포석 조명희 동지	문학신문	1966. 2. 18.	평론
탐광가가 되어야 한다 - 작가 이기영과의 묘사에 관한 담화	문학신문	1966. 3. 1.	평론
주인공 설정과 작가의 의도	문학신문	1966. 3. 25.	평론
포석 조명희에 대한 일화	청년문학	1966. 9.	수필
조국 통일은 우리의 힘으로	청년문학	1966. 11.	평론
미제와 그 주구 티우 키 도당은 체포한 문화예술인을 즉시 석방하라	문학신문	1967. 7. 28.	평론
영광스러운 우리 조국	문학신문	1967. 9. 8.	평론
인민은 위대한 수령을 노래한다	로동신문	1967. 10. 20.	평론
사회주의 문화예술의 창조에서 강령적 지침으로 되는 역사적 문헌	조선문학	1970. 11.	평론
남조선 작가 예술인들은 반파쇼 민주화투쟁에 적극 참여하여야 한다	로동신문	1981. 9. 14.	평론
통일을 위한 전 민족적인 협상기구가 빨리 마련되어야 한다	로동신문	1981. 9. 14.	평론
남조선의 작가 예술인은 「2천년대통일론」을 주장하는 군사파쇼정권을 타도하고 민주정권을 세워야 한다	로동신문	1982. 1. 9.	평론
남조선 통치배들이 진정으로 통일하려는 의사가 있다면 통일의 기본 장애물을 하루 빨리 제거하여야 한다	로동신문	1982. 2. 2.	평론

※ 작품목록을 작성하는데 권유의 『민촌 이기영의 작품세계』(국학자료원, 2002년), 정호웅의 『이기영』(새미, 1995년), 조남현의 『이기영』(한길사, 2008년) 오늘의 한국문학의 《고향》(푸른사랑, 2012년)을 참고하였습니다.

《고향》을 통해 본 서발턴의 형성과 저항

초판 인쇄　2020년 7월 31일
초판 발행　2020년 7월 31일

저자　김희숙

표지디자인　배영미
내지디자인　박지현

발행인　차정인
펴낸곳　부산대학교 출판문화원
등록 – 제1983-000001호 1983. 11. 10.
주소 – 부산광역시 금정구 부산대학로63번길 2
전화 – (051) 510-1932~3
전송 – (051) 512-7812

* 잘못된 책은 구입한 서점에서 교환해 드립니다.

정가 9,000원

ISBN 978-89-7316-671-8 93810

이 도서의 국립중앙도서관 출판예정도서목록(CIP)은
서지정보유통지원시스템 홈페이지(http://seoji.nl.go.kr)와
국가자료공동목록시스템(http://www.nl.go.kr/kolisnet)에서
이용하실 수 있습니다.(CIP제어번호: 2020031372)